Zona do Euro
Qual o Futuro?

Este livro foi redigido baseado na entrevista com
Richard Robert.

MICHEL AGLIETTA

Zona do Euro
Qual o Futuro?

Diretor Editorial:
Marcelo C. Araújo

Editor:
Edvaldo Manoel de Araújo

Tradução:
Christian Perret Gentil

Copidesque:
Ana Aline Guedes da Fonseca de Brito Batista

Revisão:
Ana Aline Guedes da Fonseca de Brito Batista
Camila Pereira Ferrete

Diagramação:
Érico Leon Amorina

Capa:
Jéssica Rodrigues Tavares

Título original: *Zone Euro – Éclatement ou Fédération*
©Michalon Édition, 2012.
ISBN 978-28-41866-52-6

Todos os direitos em língua portuguesa, para o Brasil,
reservados à Editora Ideias & Letras, 2013.

Rua Diana, 592
Cj. 121 - Perdizes
05019-000 - São Paulo - SP
(11) 3675-1319 (11) 3862-4831
Televendas: 0800 777 6004
vendas@ideiaseletras.com.br
www.ideiaseletras.com.br

Dados Internacionais de Catalogação na Publicação (CIP)
(Câmara Brasileira do Livro, SP, Brasil)

Aglietta, Michel
 Zona do Euro : qual o futuro? / Michel Aglietta ;
[tradução Christian Perret Gentil]. -
São Paulo, SP : Ideias & Letras, 2013.

 Título original: Zone Euro : Éclatement ou
Fédération.
 ISBN 978-85-65893-04-6

 1. Crise Financeira Mundial, 2008-2009
2. Dívida pública - Países da União Europeia
3. Euro 4. Política monetária - Países da União
Europeia I. Título.

12-11046   CDD-337.142

Índices para catálogo sistemático:

1. União Europeia : Crise financeira : Economia
internacional 337.142

Zona do Euro

Sumário

Introdução - 9

1

A crise financeira estourou em agosto de 2007 para atingir seu paroxismo em setembro de 2008. Os governos do G20 se uniram para contê-la. Por que ela ressurgiu e por que a Zona do Euro se tornou o elo fraco? - 13

2

O projeto de união monetária foi decidido há vinte anos e instituído pelo tratado de Maastricht. Quais foram as falhas escondidas dessa construção original que tornaram a Zona do Euro vulnerável às desordens financeiras mundiais? - 29

3

*C*omo se explica que um problema local, a derrapagem das finanças públicas numa tão pequena economia como a da Grécia, detectado desde o outono de 2009, pôde degenerar dois anos mais tarde em crise, por sua vez, de soberania e bancária em toda a Zona do Euro ameaçando a totalidade da economia mundial? - 40

4

A dramatização da crise conduz certos observadores a preconizar a saída da Grécia da Zona do Euro, ou mesmo a dissolução da Zona, como uma solução? O que você pensa a respeito? - 51

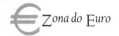
Zona do Euro

5
Se a integridade da zona do euro é um imperativo categórico, como afirmam os governantes alemães, como se explica que os governos tenham deixado a situação agravar-se por uma sucessão de meias medidas? - 65

6
Quais são as vias e os meios de uma resolução radical da crise? As propostas de reforma dos governantes europeus reunidos no pacto para o euro e no novo acordo para uma união orçamentária estão à altura da questão? - 78

7
Uma dimensão crucial de saída da crise é o aumento do crescimento a longo prazo do conjunto da Zona do Euro. Isso implica investimentos ambiciosos. Trata-se de uma renovação das políticas industriais? Como esses investimentos poderão ser financiados? - 99

8
A consolidação orçamentária é apenas uma questão contábil. Para ser aceitável pelos cidadãos e, por conseguinte, conforme a democracia, ela deve, por sua vez, responder a um princípio de justiça social e contribuir ao novo crescimento. Isso implica em modificar a estrutura de receitas da mesma forma que a de despesas. Quais podem ser os princípios? - 111

Zona do Euro €

9

A regulação financeira é essencial à colocação em ordem da finança após os excessos da década precedente. Em que situação encontram-se os avanços da regulamentação na Europa? São eles suficientemente eficazes para colocar os sistemas financeiros em condição de financiar os investimentos de longo prazo? - 120

10

*Q*ue contribuição o reforço político da Zona do Euro pode oferecer à transformação do Sistema Monetário Internacional? - 141

Introdução

A crise da Zona do Euro faz surgir questões sobre o sentido de integração europeia almejado durante os últimos sessenta anos. Essas questões, que sempre estiveram implícitas, são agora incontornáveis com a transformação mundial que a falência do capitalismo financeiro colocou em plena luz. A Europa se reconstruiu após a Segunda Guerra Mundial sobre a base de promoção do modelo social mais avançado do mundo. Com a mundialização financeira dos últimos trinta anos, esse modelo teve o desafio de continuar seu desenvolvimento. As enormes desigualdades que se aprofundaram contradizem o princípio de justiça de John Rawls, sobre o qual repousa o bem-estar social: o desenvolvimento de uma sociedade se mede pela melhoria das condições de existência e pelas oportunidades de realização do potencial humano das populações mais prejudicadas.

No final do ano de 2011, a crise financeira europeia tomou uma dimensão catastrófica. Ela é o ponto de chegada de um declínio histórico. O crescimento europeu se enfraqueceu há quarenta anos, década após década. A via escolhida por Jacques Delors de relançar a Europa pela unificação financeira teria sido pertinente se os Estados tivessem sido capazes de conservar o controle de regulação da finança para colocá-la em serviço da economia. O meio para fazê-lo era a moeda. Por isso a decisão política de criar o euro foi a promessa de um avanço histórico na busca da unidade europeia. Como, então, ele se tornou o germe da discórdia, o terreno da exarcebação de disparidades e o veículo de desordens financeiras?

 Zona do Euro

Desde que a crise financeira repercutiu na Europa durante a primavera de 2010, os governos dos países membros da Zona do Euro demonstraram sua incapacidade de controlá-la. O método de pequenos passos na camisa de força da imutabilidade dos princípios foi continuamente ultrapassado pelo jogo de forças destruidoras colocadas em movimento pelas finanças desde o início da crise grega no final de 2009. As questões fundamentais nunca foram colocadas em um debate democrático transcendendo as certezas nacionais. Os dirigentes políticos dos países europeus, tendo os dirigentes alemães como carro chefe, nunca reconheceram que o projeto europeu não poderia mais ser levado adiante sem uma transformação da base doutrinal, sobre o qual, ele se construiu há sessenta anos. É preciso dizer alto e forte: a união federal dos países da Europa se tornou indispensável para resolver a crise e para salvaguardar o modelo social europeu por meio das imensas transformações do mundo nas próximas décadas. Somente a unidade política poderá evitar que a Europa caia em um declínio irreversível e se torne um apêndice da Ásia.

A redação deste livro foi concluída no dia 4 de dezembro de 2011. Na semana seguinte, diversas discussões foram realizadas entre os responsáveis dos países europeus, concluídas por uma <<reunião de cúpula da última chance oportunidade?>> em 9 de dezembro de 2011. As conclusões da reunião de cúpula estão inclusas ao longo dos capítulos. Digamos aqui que um forte sinal foi dado da vontade dos dirigentes políticos de confortar a perenidade da Zona do Euro. Essa vontade se exprime na ambição de reconstruir uma <<união orçamentária>>. Trata-se incontestavelmente de uma limitação estrita às soberanias nacionais na gestão das finanças públicas. Por permitir aos operadores financeiros de antecipar uma colaboração implícita do Banco Central Europeu na recolocação em ordem dos mercados de dívidas públicas, o futuro tratado intergovernamental, externo às instituições da União

Europeia, dará talvez um pequeno alívio à crise financeira. Mas, o conteúdo do acordo de 9 de dezembro não responde de tudo às deficiências estruturais que a Zona do Euro sofre.

Esse acordo é, como era previsível, um diktat alemão. Ele repousa sobre um erro de diagnóstico que se perpetua desde o início da crise, em 2010: a afirmação que a crise é proveniente exclusivamente do laxismo orçamentário de certo número de países membros. Esse diagnóstico permite à Alemanha se isentar de suas responsabilidades na crise. Porém, a Alemanha faz parte do problema da Zona do Euro. Certamente não é se alinhando unilateralmente sobre sua visão de boa governança econômica que será possível superar as divergências estruturais que rompem a coesão da união monetária.

Fundamentalmente, a crise provém da interação entre o desvio do sistema financeiro privado e uma polarização das estruturas produtivas que faz divergir cada vez mais os países excedentários (Alemanha e alguns satélites) e os países deficitários (todos os outros). A crise é, antes de tudo, uma crise das balanças de pagamento, exarcebada pelas aberrações de uma finança privada deixada completamente fora de controle. O adiamento da crise sobre as finanças públicas tornou-se para a grande maioria (a Grécia deveria ter permanecido um problema isolado) salvamento de extrema urgência de um sistema ameaçado de desmoronamento a partir de outubro de 2008.

Porém, os bancos alemães estão entre os mais frágeis de toda a Europa. Em modo de disciplina e rigor, as autoridades alemãs fariam muito bem em limpar sua própria casa. Em seguida, as divergências de competividade que levaram à crise de balança de pagamento são provenientes de um efeito de cinzel, que, evidentemente, os dois ramos são responsáveis. Depois de ter absorvido o choque da unificação e suportado uma primeira crise bancária em 2002,

 Zona do Euro

o governo Schröeder reagiu fortemente na compressão de gastos a partir de 2004. Isso quer dizer que o modelo alemão é fundamentado sobre a polarização entre uma Alemanha e seus satélites, maciçamente excedentários em balança de pagamentos correntes, e o restante da Zona do Euro, forçosamente deficitária, a Zona em seu conjunto estando equilibrada perante o resto do mundo.

Enquanto a crise da balança de pagamentos não for resolvida, os ataques dos mercados financeiros e de seus gênios malignos, as agências de notação, serão periodicamente repetidos e a segurança econômica da União Monetária não será assegurada. Isso quer dizer que a concepção alemã de união orçamentária, cujo objetivo é perpetuar a assimetria para conservar seu modelo econômico, é uma caricatura deformada do federalismo econômico. O verdadeiro federalismo capaz de resolver a crise não pode existir sem solidariedade recíproca. Ele repousa sobre três pilares indissociáveis: fazer do euro uma moeda completa modificando o mandato do BCE, construir uma governança econômica pela elaboração dos orçamentos fazendo dialogar o nível europeu e as instâncias legislativas nacionais, mutualisar as dívidas públicas em um mercado financeiro potente de títulos comuns (*eurobonds*).

As dez questões que seguem decompõem analiticamente o problema que os países da Zona do Euro enfrentam. As respostas enfatizam a responsabilidade dos dirigentes políticos perante os cidadãos dos países nos quais eles receberam o mandato para guiá-los fora da espiral depressiva da austeridade generalizada. Pois, a evolução desencadeada, a qual o acordo de 9 de dezembro de 2011 reforçou a ocorrência, leva inevitavelmente a Zona do Euro à via japonesa da quase estagnação ilimitada.

1

A crise financeira estourou em agosto de 2007 para atingir seu paroxismo em setembro de 2008. Os governos do G20 se uniram para contê-la. Por que ela ressurgiu e por que a Zona do Euro se tornou o elo fraco?

Temos tendência de focalizar em setembro de 2008 o início da crise financeira, porque a falência de Lehman Brothers chocou a opinião pública. Além disso, foi nesse momento que os Estados entraram em jogo com os planos de relance retomados e apoio aos bancos em dificuldade. A inércia dos governos e sua incapacidade de antecipar não datam desses últimos meses.

Retornemos brevemente sobre a sequência 2010-2011. Após uma tímida reação devido aos planos de relance do crescimento, a conjuntura tornou-se novamente anêmica quando a estimulação orçamentária cessou de produzir seus efeitos. A falta de dinamismo da economia privada mostrava claramente que não estava em um ciclo ordinário, onde a despesa pública coloca a economia privada sobre uma rampa de lançamento para sustentar em seguida o crescimento por seus próprios meios, de maneira que as receitas fiscais permitam rapidamente reabsorver o déficit orçamentário temporário. Ao final de agosto de 2010, o presidente da Reserva Federal Bem Bernanke soou o alarme em um discurso a Jackson Hole (Wyoming). Ele fez notar que o crescimento era insuficiente para impedir o desemprego

 Zona do Euro

estrutural de se incrustar, e anuncia uma política de expansão quantitativa da liquidez financeira, mantendo a zero, por tempo indeterminado, a taxa de juros dos fundos federais. Essa política de relaxamento quantitativo teve início em outubro de 2010, e teve pouco efeito sobre a atividade econômica americana, mas provocou uma alta dos preços das matérias primas, que enfraqueceu o poder de compra das famílias na Europa. Desde o segundo semestre de 2011, a retomada do crescimento havia fracassado.

Elo fraco da crise financeira que abalou a Europa, a Grécia já deveria ter sido objeto de um primeiro plano de salvamento em maio de 2010. Este foi seguido de uma primeira cura, um tratamento de austeridade, na qual o país foi recompensado por uma recessão de 3,7% em 2010. Não era difícil, nessas condições, de prever que a Grécia não poderia cumprir os compromissos que lhe foram ditados por uma tróica formada pelo FMI, pela Comissão Europeia e pelo BCE. Quando o nervosismo dos investidores se manifestou novamente nos mercados de títulos, o Conselho Europeu decidiu por uma dose maior do mesmo tratamento, o que somente piorou as coisas. A recessão esperada na Grécia em 2011 é de 5,5%. É o que se chama perseverar no ser! Mas, desta vez, o <<julgamento dos mercados de títulos>> tornaram-se mais severos. Após Irlanda e Portugal, eles visam englobar países de maior peso dentro da economia europeia, a Espanha e Itália. Ao fim do mês de julho de 2011, um novo plano de salvamento acompanhado de uma generalização da austeridade ia atear fogo na pólvora. A crise financeira europeia tornou-se global quando o pessimismo dos mercados quanto a solvência das dívidas públicas incide sobre a fragilidade dos bancos.

Tomando um pouco de distância, fica-se chocado deste retorno à crise inicial: pois a crise financeira começou em 2007 com a incapacidade dos bancos em enfrentar a montanha de créditos duvidosos que haviam acumulado. No final de 2011, a crise voltou a seu domínio de origem.

Assistimos, de fato, depois de quatro anos a uma única crise do capitalismo financeiro. Os eventos gregos são apenas uma sequência. As fases de atenuação que conhecemos desde 2008 foram apenas episódios mais ou menos breves. É preciso admitir que as ações políticas revelaram-se incapazes de superar as forças potentes da tendência depressiva que estão operando na economia privada.

A crise atingiu o coração do sistema financeiro, os bancos, mas ela é sistemática: afeta de uma vez todas as economias, e toda a economia, pois afeta de uma maneira ou de outra todos os agentes: famílias, empresas, bancos, Estados.

Ela encontra sua origem no endividamento maciço do setor privado, mais precisamente das famílias e das instituições financeiras, em um grande número de países. Podendo sair apenas por um desendividamento, único caminho para retornar a uma estrutura financeira mais saudável. O problema é que este desendividamento tem um efeito depressivo sobre o crescimento econômico. Tratando-se dos Bancos, em particular, eles devem reduzir <<seu balanço>>, o que significa praticamente tomar menos empréstimos e, por conseguinte, emprestar menos dinheiro aos outros agentes econômicos, famílias e empresas. Porém, se lhes empresta menos, esses gastarão menos, e a atividade econômica sofrerá seus efeitos. A partir disso, entra-se num ciclo vicioso, pois os Estados necessitam de crescimento econômico para restaurar suas finanças. E eles não têm escolha: são obrigados de intervir – gastar – para evitar que a crise seja muito violenta. A lição de 1929 foi compreendida, o que é uma boa coisa, pois sem a ação dos governos se teria conhecido uma depressão mais profunda e duradoura: o desendividamento seria produzido por falências em cadeia.

É para evitar isso que os Estados intervieram maciçamente ativando os planos de relance retomados de 2009. Trata-se de uma prática bastante recente, que se impôs apenas progressivamente no decorrer do século XX. Anteriormente, deixavam-se as instituições financeiras e as empresas apurarem suas dívidas. Em 1873, em 1893 e em 1907 foram assim produzidas severas recessões que tiveram consequências cada vez mais sensíveis sobre a economia capitalista; pois, desde 1870 se desdobrava a primeira grande mundialização.

Certamente existiam amortecedores, mas esses não eram como hoje intrínsecos à economia capitalista: era, por exemplo, o mundo camponês, pois a economia rural de subsistência continuava largamente autônoma e não era diretamente afetada pelos abalos da economia industrial. Hoje, os estabilizadores estão integrados à economia capitalista: são o sistema fiscal e os seguros sociais.

A criação desses estabilizadores acompanha a tomada de consciência progressiva que, no contexto do capitalismo desenvolvido, não se pode parar uma crise sem uma ação pública massiva. É a grande lição dos anos de 1930. Quase todo o mundo está de acordo em julgar necessário, no momento de uma grave crise podendo levar a uma recessão, uma intervenção pública. Foi o que aconteceu a partir do outono de 2008, tendo como resultado uma elevação da dívida pública, e hoje uma crise das finanças públicas.

A situação atual pode, inclusive, evocar o problema da reabsorção das dívidas de guerra, que o mundo conheceu após 1918 e após 1945. Uma guerra provoca um aumento brutal das dívidas públicas, já que uma grande parte dos gastos é então centralizada pelo poder público. Uma crise financeira de grande amplitude que ataca os balanços bancários tem o mesmo efeito. Foi o que aconteceu em 2008-2009, quando os Estados e os bancos centrais conduziram uma ação vigorosa para lidar com o mercado dos créditos interbancários e para sustentar uma economia mundial ameaçada de cair em depressão.

É preciso saudar o vigor de sua resposta, e notadamente a da China, que conduziu a política orçamentária mais expansiva relativamente a seu PIB. Não sem razão: ela depende muito do comércio internacional e foi presenciado no outono de 2008 um verdadeiro desmoronamento deste último, mais rápido ainda que em 1929. Isso se explica sabiamente. Os bancos estavam gravemente fragilizados e o mercado interbancário estava congelado: eles não se emprestavam e não financiavam mais os títulos das empresas. Porém esse mercado é essencial ao comércio internacional. O risco então não era somente de um decrescimento generalizado, mas de uma parada brutal das trocas internacionais, ou seja, de uma parte vital da economia globalizada. É para conjurar este risco que os Estados agiram, sobre diferentes frentes, enquanto que os bancos centrais se encarregavam com o mercado monetário.

Com a salvação dos bancos, os Estados substituíram as dívidas públicas pelas dívidas privadas. Eles injetaram dinheiro público em recapitalizações que chegaram até a nacionalização na Irlanda e na Grã Bretanha. Nos Estados Unidos, o Fed efetuou testes de estresse para determinar a falta de capital enquanto o Tesouro ativava o programa TARP para injetar capital nos bancos sobre fundos públicos.

Segundo tipo de intervenção, os Estados ofereceram garantias aos bancos para incitá-los a fazer empréstimos. Eles criaram assim uma dívida contingente, que não aparece no balanço do Estado, salvo se o que é chamado um <<evento de crédito>> ocorra, o que desencadeia a ativação da garantia.

Finalmente, os Estados agiram no sentido de um apoio maciço da demanda, gastando dinheiro seja diretamente (trabalhos públicos, infraestrutura), seja por subvenções, seja através da assistência, por meio de programas específicos, ou simplesmente via os estabilizadores automáticos, como o seguro desemprego. De fato, o aumento do desemprego devido à recessão econômica amplia *ipso facto* o volume dos subsídios dados aos desempregados.

1 Zona do Euro

Voluntárias ou automáticas, essas diferentes ações pesaram bastante para os orçamentos públicos, com déficits espetaculares em 2008 e 2009, e uma dívida aumentada hoje; tudo isso em um contexto onde a perspectiva de um fraco crescimento econômico os priva de uma parte das receitas que poderiam, em tempos normais, ajudá-los a acabar com a dívida acumulada ou ao menos estabilizá-la.

Examinemos as consequências atuais desse endividamento público. O que é crucial no custo da dívida são os juros. Com efeito, os juros pagos podem variar se a dívida é sobre taxas variáveis, ou se uma parte da dívida chegada ao vencimento é substituída por um novo empréstimo a uma taxa diferente da precedente quando as condições dos mercados financeiros mudaram. É preciso saber que um Estado não paga a mesma taxa de juros se ele toma emprestado por três meses ou por trinta anos. A estrutura da dívida possui assim um efeito sobre o montante global de juros. Para a apreciação global da situação de um Estado é preciso considerar a média dessas taxas de juros, ponderada pelas massas respectivas dos volumes tomados emprestados que são devidos com diferentes vencimentos. Um bom indicador é a <<duração>> da dívida. Tecnicamente esta corresponde à soma das durações ponderadas pelos valores atualizados dos fluxos a serem pagos (juros e reembolsos). A duração permite determinar a pressão que se exerce sobre os Estados em função da variação das taxas de juros. Reescalonar uma dívida consiste em aumentar sua duração.

Um aumento das taxas de juros pode ter consequências terríveis, com um efeito bola de neve: se eles aumentam, a carga da dívida também aumenta. E se o Estado em questão não compensa essa carga suplementar, ele deve criar uma nova dívida com um risco final de insolvência. Nessas condições, a taxa de crescimento da economia é uma variável crucial. Quando o crescimento é suficiente, novas receitas são aportadas a cada ano proporcionando ao Estado compensar, e até mesmo sobrecompensar os juros pagos sobre sua dívida. Foi o que aconteceu durante os Trinta Gloriosos, entre 1945 e 1973: para despesas fora juros constantes (em porcentagem do PIB), como as receitas aumentavam mais rápido que as taxas de juros, a dívida era reduzida.

Se, ao contrário, a taxa de juros ultrapassa a taxa de crescimento, um Estado deve disponibilizar um excedente primário para estabilizar a dívida pública, isso quer dizer que a diferença entre as receitas e os gastos públicos, independentemente do pagamento de juros, seja positiva. Porém, se, em período de crescimento, mesmo moderado, não é muito difícil para um governo fazer votar um orçamento apresentando um excedente primário, em período de crescimento fraco ou de recessão, isso o força a arbitragens dolorosas. E é precisamente a situação na qual se encontra a Europa hoje.

Graças a essas ferramentas analíticas, é possível responder ao cerne da questão. Por que a Zona do Euro tornou-se o elo fraco da crise financeira mundial, quando a origem da crise — os famosos créditos *subprime* — eram americanos?

Uma primeira análise poderia apontar o endividamento rápido dos Estados europeus obrigados a intervir para parar uma crise que era de toda maneira mundial. Mas, como iremos ver, isso é apenas uma parte do problema. É preciso de fato considerar a situação da Europa: um elevado nível de endividamento público, mas também, em evidência, um enorme endividamento privado.

Tomemos a situação em 2007, exatamente antes da deflagração da crise. Considerando-se em diferentes países a dívida bruta (ou seja, sem contar os ativos), mensurados em relação ao PIB, obteremos os seguintes números.

Na França, a dívida bruta privada representava 196% do PIB, a dívida pública bruta 65%. A Alemanha estava em

Zona do Euro

uma situação comparável: a dívida bruta privada atingia 200% do PIB, a dívida bruta pública 60%.

Mas, na Itália, a dívida privada se elevava a 214% do PIB, a dívida bruta pública a 105%, um valor particularmente alto.

Na Espanha, é o endividamento privado que era extravagante: 317% do PIB, pelo essencial devido às famílias e às instituições financeiras em um contexto de bolha imobiliária. Em contrapartida o endividamento público, no final de 2007, não ultrapassava 40% do PIB.

Observemos agora os mesmos países em 2009, às margens da crise europeia. Poder-se-ia esperar que a transferência de dívida às finanças públicas tivessem diminuído a dívida privada. Porém não foi assim.

Na França, a dívida bruta privada representava 203% do PIB, ou seja, seis pontos[1] percentuais a mais que em 2007, e a dívida pública atingia 78%.

Na Alemanha, o país dito modelo de virtude, a dívida bruta privada era de 207% do PIB e a dívida bruta pública atingia 73%.

Na Itália, a dívida pública privada se elevava sempre a 214% do PIB, mas a dívida pública atingia 115%.

Na Espanha, enfim, nenhum desendividamento privado foi amortizado apesar da fragilidade financeira. A dívida pública privada subiu a 334% do PIB, a dívida pública a 64%.

Certamente, raciocinamos aqui em porcentagem do PIB, sendo preciso levar em consideração o efeito de sua contração, que aumenta automaticamente a porcentagem da dívida. Mas constata-se que, em todos estes países, a dívida pública aumentou sem que a dívida privada começasse a se reduzir.

Consideremos agora os países considerados como aberrações, os que estão em uma situação crítica. Na Grécia,

---

[1] No original "seis pontos", nas minhas contas, sete pontos. N.T.

os números de 2007 não são confiáveis; em 2009, a dívida pública privada representava 173% do PIB, a dívida bruta pública 115%; e esse valor subiu para 145% no ano seguinte, sinal de uma situação que não está mais sob controle.

Na Irlanda, após a explosão de 2008, assistiu-se a uma implosão do sistema financeiro inteiramente arcada pelo Estado. O total da dívida bruta nacional, em 2009, atingiu 806% do PIB, dos quais 607% atribuíveis aos bancos. Em 2010, o déficit orçamentário da Irlanda representava 30% do PIB em razão de o Estado ter arcado com o peso do setor financeiro.

No total, para o conjunto da Zona do Euro, a estimulação orçamentária de 2008-2009 não produziu desendividamento do setor privado. Não foi assim nos Estados Unidos, onde uma recapitalização dos bancos associada a um relance orçamentário muito mais ambicioso fez a dívida privada retroceder. De 300% do PIB em fins de 2007, ela caiu a 260% no final de 2009.

Vê-se, então, uma primeira característica das deficiências políticas europeias. Espaço de conservadorismo ideológico profundamente estagnado no que concerne à regulamentação da demanda pelos orçamentos públicos e ao mandato do Banco Central à frente do crescimento, espaço de compromisso político laborioso e tortuoso, a Europa é a campeã das meias medidas. O conservadorismo frouxo e o compromisso medíocre mal permitem gerenciar a coexistência dos países membros em tempos calmos, mas esse modo de governar é completamente ultrapassado quando a tempestade surge.

Além disso, e esse é um ponto capital, a criação do euro exacerbou a divergência entre as economias na dinâmica de endividamento privado.

Antes de tudo, a moeda única coroou o espaço financeiro integrado, que é aberto ao resto do mundo – notadamente ao espaço do dólar. Os bancos universais europeus tornaram-se bancos globais que intervêm no mundo inteiro.

1 Zona do Euro

Eles participaram ativamente na expansão da dívida americana e dos ativos tóxicos nos Estados Unidos. Eles se encontraram em uma situação de fragilidade comparável aos bancos americanos quando a crise estourou em 2007. Mas, os governos alemão e francês permitiram-lhes congelar seus créditos duvidosos ao invés de incitar às reestruturações. Eles, aliás, acumularam lucros consideráveis, tomando empréstimos a taxas praticamente nulas e comprando as dívidas públicas da Zona do Euro em 2009 e 2010! Mas, ao invés de utilizar seus lucros para consolidar o próprio capital, eles retomaram sua distribuição de dividendos e de bônus extravagantes como se nada tivesse acontecido. Não é de surpreender, portanto, que o FMI tenha encontrado os Bancos europeus perigosamente subcapitalizados no verão de 2011.

Em seguida, a maneira pela qual a Zona do Euro se constituiu a partir de critérios de convergência (o itinerário do tratado de Maastricht, em dezembro de 1991) coloca um problema de homogeneidade. O famoso critério de Maastricht versava sobre inflação (com objetivo de convergência), sobre os déficits públicos (com meta de menos de 3% do PIB), sobre o câmbio (com estabilização progressiva) e sobre as taxas de juros a longo prazo. Esses indicadores deveriam convergir em direção aos níveis mais baixos dos países candidatos.

O objetivo da operação era notadamente obter uma convergência das taxas de juros a longo prazo. Porém, isso funcionou com uma convergência no sentido da taxa alemã. Certo número de países que estavam longe dessa situação viram sua taxa de juros baixar de forma espetacular, em princípio pela antecipação dos mercados a partir do fim de 1996, depois em ritmo acelerado a partir de maio de 1998 – momento no qual o Conselho europeu validou a lista de países admissíveis ao euro apresentada pela Comissão. Na Espanha, a diferença da taxa de juros por dez anos sobre as dívidas públicas em relação à taxa alemã, caiu em alguns meses de 5% para zero.

Zona do Euro 1

Não foram apenas os Estados que se beneficiaram com a baixa do custo de crédito, mas o conjunto dos agentes econômicos. Essa capacidade de tomar empréstimo do mercado a juros baratos produziu um afluxo massivo de capital aos países onde as taxas elevadas haviam por muito tempo mantido uma escassez de capital.

A questão que melhor deveríamos colocar na época é: a que esses capitais vão servir? A doutrina oficial – a famosa estratégia de Lisboa – imaginava um círculo virtuoso: graças à liberdade dos movimentos de capitais, em um espaço financeiro considerado como eficiente, muitos dos investimentos que anteriormente não eram produtivos poderiam se tornar rentáveis. Uma diversificação do sistema produtivo deveria ocorrer. Pensava-se que isso permitiria uma recuperação dos países menos avançados, uma convergência real na Zona do Euro. O aumento nos investimentos produtivos iria permitir uma elevação da produtividade, a qual aumentaria salários reais e empregos. O aumento do poder de compra da população poderia ampliar o consumo sem colocar em perigo a competitividade, já que o custo salarial não deveria elevar. Estando a competitividade melhorada, as exportações líquidas iriam progredir e os excedentes correntes futuros deveriam remunerar no tempo o aumento inicial do endividamento. Esse processo deveria supostamente se desenrolar pela ajuda da alocação de capital, sem que o menor projeto industrial europeu fosse concebido. Contentava-se de afirmar que a Europa estaria na ponta da economia do conhecimento em 2010.

No início, tudo aconteceu como previsto: teve-se uma entrada maciça de capital. Aliás, o momento era perfeito, pois foi mais ou menos neste período que a finança mundial tomou sua ascensão graças, notadamente, à engenharia financeira.

Mas, rapidamente, a bela lógica imaginada em Bruxelas se revelou falsa. Uma avalanche de capital entrou nos países em que havia as mais altas taxas de juros antes de sua entrada na União Econômica e Monetária (UEM).

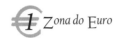
Zona do Euro

Mas, a restrição de câmbios fixos bloqueava a rentabilidade das empresas exportadoras no momento em que os países asiáticos, saídos da crise asiática com taxas de câmbio subavaliadas e buscando eles mesmos se desendividarem, conduziam uma ofensiva comercial sobre os mercados ocidentais de consumo. A rentabilidade dos empréstimos dos bancos franceses e italianos residia no crédito às instituições financeiras locais, que eles mesmos financiavam a consumação e a especulação imobiliária. Na Espanha, com a inflação do investimento imobiliário, a construção e suas indústrias subcontratantes absorveram até 25% do emprego. A isto se acrescenta o desenvolvimento dos serviços enquanto a base industrial se atrofiava. O crescimento rápido, assim criado, repousava sobre a alta contínua dos preços imobiliários, que alimentava o crédito. Ao mesmo tempo, pelo alto nível de emprego e pelo aumento da riqueza imobiliária que garantia empréstimos às famílias, o consumo a crédito acarretou um aumento insaciável das importações de produtos industriais, de onde surge uma alta dos déficits correntes, além da inflação que destruiu a competitividade. O crescimento pode ir adiante somente por uma entrada maior e constante de capital estrangeiro, na medida em que o déficit corrente se ampliava. Como em todos os países onde os excessos financeiros geraram bolhas especulativas e as altas inflacionárias de consumo, o estouro das bolhas provocou a crise da dívida privada.

Ao se considerar os países credores maiores, observa-se uma situação bem diferente. A Alemanha, em particular, passou os anos da década de noventa absorvendo a unificação, o que facilitou as coisas a seus vizinhos em seus esforços para convergir com ela. O país entrou na zona do euro com uma taxa de câmbio desfavorável e uma balança corrente deficitária em 2000. Seu crescimento sofreu parada em 2002-2003, dois anos marcados na Alemanha por uma crise bancária. O país tendia em direção à estagnação; seus custos salariais elevados haviam desgastado a competitividade de sua indústria. Isso contribui para explicar que ela não entrou no ciclo de alta dos preços imobiliários que ficou conhecida em outros países no começo dos anos 2000. O mercado imobiliário alemão manteve-se calmo. Este foi em certa medida o caso da França, na qual os devedores se submeteram às regras de solvência um tanto estritas e onde a securitização de crédito não foi autorizada.

A Alemanha reagiu com as leis Harz, do nome do ministro do Trabalho de Gerhard Schröeder, que em 2004 reformou drasticamente as regras do mercado de trabalho. Isso se traduziu quase que imediatamente por uma parada no aumento salarial e por uma reorganização do aparelho de produção industrial, com uma mudança de localização de certas atividades na Europa Central e Oriental. Os ganhos de competitividade, devido à baixa dos custos salariais unitários relativamente aos países onde eles mais aumentaram, continuaram em todo decorrer da década.

Vemos que a estratégia de Lisboa, que visava notadamente à convergência, resultou em uma divergência maciça. Foi um fracasso patente. A heterogeneidade econômica entre os países da Zona do Euro encontrou-se amplificada, em condições consideráveis, pela lógica financeira que seguiu à criação do euro.

As fraquezas específicas da Zona do Euro atêm-se a suas divergências. Eram conhecidas no momento em que a moeda única foi criada, esperava-se superá-las; mas no final elas se agravaram. Certamente, os Estados Unidos conhecem também divergências entre os diferentes Estados, mas são gerenciadas por uma mobilidade de trabalhadores que, por razões evidentes, não podem ser alcançadas na Europa, em todo caso não no mesmo grau, e por mecanismos de transferência – menos que no seio de um país europeu, mas bem mais que entre os países da Zona do Euro.

A crise financeira foi então acentuada por esses problemas de fundo. A sonhada homogeneização das economias

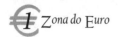 *Z*ona do *E*uro

é um fracasso. E as instituições europeias precisam gerenciar hoje este fracasso, o que leva a colocar-se a seguinte questão que enfurece: elas são capazes?

Resumo

A Zona do Euro encontra dificuldades profundas, provenientes da imbricação de duas evoluções estruturais. A primeira, mundial, é a supremacia do financeiro sobre o capitalismo. Ela acarreta em uma distorção intolerável na repartição de ganhos e uma orgia de crédito sem que ninguém – instituição pública, governos, bancos centrais ou agências de notação – tenha a contraditas. Esse vazio de controle permitiu o ciclo vicioso do crédito e da especulação sobre os preços de ativos que conduziu a um endividamento insustentável do setor privado e que se rompeu em uma crise financeira gigantesca. Ameaçando a existência mesma das finanças e levando o mundo a uma espiral depressiva, a crise forçou os Estados a prestar socorro às economias, o que desencadeou o retorno do endividamento público. Mas o endividamento privado continua sendo o maior problema. Porque como o setor privado deve se desendividar, ele é incapaz de sustentar a demanda por si mesmo. Segue-se que a austeridade orçamentária casada às reformas estruturais destinadas a reforçar a oferta pode fracassar se não há na Europa uma fonte dinâmica de demanda.

A segunda evolução é a disparidade crescente da competitividade das economias. Ela explica que as pressões sobre as dívidas públicas transmitidas pelo mercado financeiro não são homogêneas. Os países mais frágeis são os menos competitivos e também os que têm menor capacidade política de aumentar os tributos. A concepção da Zona do Euro conduzia irremediavelmente a essa divergência entre os países.

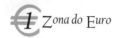

1 Zona do Euro

É, de fato, um resultado bem estabelecido de geografia econômica que, em um vasto espaço econômico munido de uma só moeda, a integração conduz a uma polarização da indústria em lugares onde ela é inicialmente a mais forte. Somente uma política industrial voluntarista em escala do espaço integrado e conduzida com meios financeiros muito potentes pode modificar a divisão do trabalho com sucesso. Caso contrário, a única maneira de manter a coesão da Zona do Euro é um sistema de transferências organizadas entre os países. A Europa carece totalmente de um e de outro.

2

Oprojeto de união monetária foi decidido há vinte anos e instituído pelo tratado de Maastricht. Quais foram as falhas escondidas dessa construção original que tornaram a Zona do Euro vulnerável às desordens financeiras mundiais?

Oeuro foi criado no dia 1° de janeiro de 1999, mas para compreender suas fraquezas subjacentes é preciso retornar ao que foi o projeto de união econômica e monetária. É possível identificar principalmente duas fontes para essa decisão: o relance da Europa por Jacques Delors, em 1985, com a ideia de um grande mercado de serviços financeiros, e o choque da unificação alemã em 1990. Desses dois eventos históricos saiu a decisão de lançar o euro.

Essa decisão não ia por si própria. Exemplos de zonas econômicas e financeiras integradas sem moeda única e com taxas de câmbio flexíveis eram conhecidos. É o caso hoje do conjunto formado na América do Norte pelos Estados Unidos e Canadá. Esse foi o caso no século XX de vínculos entre a Grã-Bretanha e os Países Baixos. Conclui-se que somente as considerações econômico-financeiras não justificariam a criação do euro. Sua criação faz sentido em função de uma promessa de unidade política.

A ideia de uma união monetária na Europa já havia sido lançada no final dos anos 1960 com o plano Werner, nome do primeiro ministro Luxemburguês da época. Era um projeto intergovernamental no qual participava a Comissão Europeia, mas não os bancos centrais. O Bundesbank era notoriamente hostil, e no contexto inflacionista do início dos anos 1970 a ideia foi rapidamente abandonada, em face à hostilidade da Alemanha que já temia, sobretudo, toda inflação monetária que ela importava dos Estados Unidos absorvendo uma torrente de dólares em suas reservas de câmbio. Além disso, o projeto mantinha-se vago em seu arranjo institucional, em seus prazos não precisos e nos dispositivos técnicos. Em resumo, as condições não estavam reunidas.

O comitê Delors, ao contrário, não comportava dirigente político. Mas era composto de representantes dos bancos centrais e de especialistas universitários sob a presidência de Jacques Delors, presidente da Comissão Europeia, trabalhando com o assentimento dos Estados membros e, certamente, com as reservas habituais do Reino Unido. O comitê entregou seu relatório em 1989. Suas conclusões tiveram por resultado a proposição de uma moeda única. Os britânicos aí opuseram um projeto alternativo de busca de integração financeira por meio da criação de uma moeda pararela. Essa moeda "cesta" foi concebida de forma a se apreciar em relação ao valor da média das moedas europeias por modificação do peso das moedas componentes em favor das moedas mais fortes. Esse dispositivo imaginado para agradar aos alemães, não foi seriamente considerado. A maioria do comitê Delors queria ir mais longe, com uma visão não somente financeira, mas monetária, e uma arquitetura institucional marcada notadamente pela criação de um Banco Central (o BCE) que deveria ser a filial comum dos bancos centrais nacionais. O conjunto deveria constituir o Sistema Europeu de Bancos Centrais (SEBC), o qual teria o encargo de administrar o sistema europeu de pagamentos interbancários.

Teria esse projeto funcionado sem a unificação alemã? Difícil de dizer. Mas seguramente a decisão tomada pelo chanceler Kohl de forçar a unificação alemã leva a modificar a dimensão da República Federal e mudava assim o tratamento das relações institucionais e políticas na Europa, o que concernia diretamente a França. A moeda única apareceu como um compromisso que permitia aos franceses aceitar a unificação política da Alemanha, pois ela afirmava a ancoragem profunda da Alemanha na Europa. Elemento importante do compromisso, Helmut Kohl impôs que o futuro Banco Central Europeu fosse um clone do Bundesbank. Fazendo assim, todavia, o compromisso franco-alemão alterava profundamente o processo de integração europeu. Após a aposentadoria de Delors em 1994, a abordagem comunitária enfraqueceu rapidamente. A Comissão Europeia teve apenas presidentes sem a menor capacidade de inovação, de dar impulso à enorme máquina burocrática da Comissão e de convicção frente aos governos dos países membros. O vazio deixado pelo declínio da Comissão podia somente ser preenchido pela negociação intergovernamental, situação que colocava o face a face franco--alemão no primeiro plano e reencontrava a aberta hostilidade do Reino Unido, e aquela latente dos pequenos países.

A abordagem comunitária das origens era dialética: a integração econômica trazia desenvolvimentos institucionais setoriais (CECA, Mercado comum, PAC), os quais supostamente favoreceriam maior integração econômica, e assim por diante. Decidindo a criação do euro, mudava-se de registro. Pois a moeda não é um setor de integração como qualquer outro, já deveríamos tê-lo visto nos eventos de outono em 1992. O tratado de Maarstricht, sustentando a criação da moeda única, tinha previsto um período de transição que deveria terminar na data fixada do dia 1° de janeiro de 1999. Esse prazo de vencimento tinha sido arrancado de Kohl por Miterrand para que o projeto de criação do euro não fosse enterrado como tinha sido o plano Werner em seu tempo. Esse tratado deveria ser ratificado no decorrer do ano de 1992 pelos parlamentos dos países candidatos. No decorrer

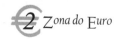 Zona do Euro

do verão de 1992, essa ratificação se revelou particularmente difícil para a Dinamarca e para a França.

Na época, a maioria das moedas europeias já estavam ligadas no Sistema Monetário Europeu (SME) que as obrigavam a respeitar taxas de câmbio dentro das margens de flutuação de câmbio bem estreitas (+ ou − 2,5%) entre elas e, por conseguinte, com o Marco Alemão. Desde o verão de 1992 viu-se produzir, nos mercados financeiros de dívidas públicas, os fenômenos observados desde o início da crise grega na primavera de 2010. As diferenças de taxas com a taxa alemã se distanciaram desmesuradamente em uma crise que pareceu à época como uma crise de câmbio. Mas a natureza dessa crise tinha muita semelhança com a que vivemos hoje em uma escala maior. As heterogeneidades entre os países europeus já eram bem presentes. Os elos fracos dentro do SME eram a Itália e o Reino Unido. Os países europeus sofriam choques que eles eram incapazes de absorver nas regras do sistema de câmbios fixos. Esses choques eram as sequelas da crise imobiliária americana já e da recessão subsequente, mas também da reunificação alemã que provocava uma forte pressão sobre as finanças públicas da República Federal e tendia perigosamente as taxas de juros no momento em que o contragolpe da recessão americana se fazia sentir na Europa.

A Itália foi a primeira a ceder, porque a dívida pública já era elevada e a inflação persistente. A lira foi desvalorizada em setembro de 1992. O contagio à libra esterlina e ao franco foi imediata. O governo britânico por sua vez tirou a lira do SME. O franco permaneceu graças a uma ajuda do Bundersbank no final de setembro. Mas foi só um adiamento. A especulação retomou mais forte em junho/julho de 1993; o franco francês não saiu formalmente do SME, mas foi completamente desnaturado permitindo margens de flutuação de + ou - 15%.

Não somente as lições desse episódio não foram tiradas na época pelos dirigentes políticos, mas hoje praticamente ninguém se lembra delas para compreender a crise que vivemos. No entanto, os câmbios fixos do SME que conectavam rigidamente as moedas nacionais ao Marco Alemão constituíam um sistema cujo modo de funcionamento era um prelúdio à União Monetária. Em uma palavra, para todos os países menos para a Alemanha o euro é uma moeda estrangeira, que os obriga a câmbios rigidamente fixos e os despoja completamente da autonomia monetária. Para os países cuja competitividade é fraca relativamente à Alemanha, o euro funciona da mesma maneira que o dólar para a Argentina entre 1991 e 2001, o que é chamado de um *currency board*, ou seja, uma taxa de câmbio fixada constitucionalmente a um peso por um dólar e uma economia amplamente dolarizada.

Isso quer dizer que o euro é uma moeda incompleta em relação ao projeto de integração europeia. O euro traz uma promessa de soberania que até o momento foi corrompida. Essa aporia dramática da União Monetária era dissimulada. Como o SME antes dela, a Zona do Euro é viável dentro das regras existentes enquanto reina a calmaria sobre os mercados financeiros do espaço integrado. Mas o vício estrutural não suporta os períodos de crise financeira. Além dos interesses políticos contraditórios dos países membros e das divergências estruturais nas economias que mencionamos acima, uma concepção errônea da moeda conduziu ao estatuto único no mundo do Banco Central Europeu, única instituição federal em uma Europa que não é federal. É importante compreender bem o que está em jogo porque é o cerne da crise que vivemos. Se não for remediada, essa falha destruirá a Zona do Euro como destruiu o SME.

Toda a construção monetária europeia repousa sobre uma concepção estreita e errônea da moeda, chamada monetarismo. Segundo essa concepção, a moeda é neutra perante fenômenos econômicos reais. Acrescentar a qualificação neutra a longo prazo não muda nada. Se a moeda

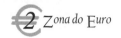 Zona do Euro

é neutra, isso quer dizer que a missão exclusiva dos bancos centrais é de manter a estabilidade do poder de compra da moeda que é definido como sendo o inverso de um índice convencional de preço, construído estatisticamente para medir a inflação. Se supormos que a moeda é neutra, deduz-se que a manutenção de uma taxa de inflação fraca em permanência (expressão prática de estabilidade dos preços) garante *ipso facto* a estabilidade financeira. Segundo a crença de todos os banqueiros centrais e dos dirigentes políticos antes da crise financeira, a preservação da estabilidade dos preços (que foi realizada para além de toda esperança nos anos 2000) era necessária e suficiente para que o desenvolvimento do crédito sob o impulso dos bancos internacionais leve à otimização de alocação do capital.

Já que a moeda é postulada como neutra segundo certa doutrina, o objetivo do Banco Central se expressa por uma meta de inflação a ser satisfeita, como repetiu centenas de vezes o ex-governador Jean-Claude Trichet, para <<ancorar as antecipações de inflação a longo prazo>>. Ele não tem mais nada a fazer, ele não é responsável por nada mais. Como seu mandato não entra em contradição com nenhum outro objetivo de política econômica, o Banco Central pode se beneficiar de uma independência absoluta. É por isso que o tratado de Maastricht conferiu ao BCE um estatuto verdadeiramente extraordinário. Contrariamente a todos os outros bancos centrais do mundo, sua legitimidade não é fundada sobre nenhuma soberania política. Ela é verdadeiramente desterritorializada, não deve nem mesmo dialogar com os governos. Não existe, portanto, nenhuma possibilidade para que a Zona do Euro tenha uma regulação macroeconômica que repouse sobre uma combinação refletida de instrumentos orçamentários e monetários. O BCE opera sozinho em um esplêndido isolamento e a política orçamentária não existe. O orçamento agregado dos países é apenas o resultado *ex*

post de escolhas orçamentárias completamente não cooperativas entre os países. A única maneira para a Europa de conceber a interdependência é, parece, de impor a esta junta heteróclita um limite arbitrário e uniforme de déficit público, chamado <<pacto de estabilidade e de crescimento>>.

Não é surpreendente que tal concepção da moeda não resista a uma crise financeira maior. Isso demonstra de uma maneira severa que a estabilidade dos preços, no sentido da norma de inflação, não implica em nenhum caso a estabilidade financeira. Sabia-se disso há muito tempo. Somente o integralismo do ultraliberalismo que varreu o mundo ocidental a partir dos anos 1980 o pôde fazer esquecer em seu delírio de depreciação do Estado. É uma negação da História. O Banco da Inglaterra conquistou sua posição de credor de última instância dentro do sistema financeiro logo após a crise financeira devastadora de 1867. A reserva federal americana foi criada em 1913 após ter tirado lições da terrível crise de 1907, na qual a dependência do sistema financeiro americano dos empréstimos britânicos mostrou o que custava não possuir a soberania garantida da moeda. Nessas condições se compreende as contorções do BCE na crise atual. Para atuar em seu papel de credor de última instância que não pode evitar, ele deve necessariamente, fazer escolhas políticas consistentes para sustentar tal mercado ou tal ator financeiro maior situado em tal país. O que legitima essas escolhas para um Banco Central que não está sob a tutela de um soberano democrático?

Há algo mais grave dentro dessa cegueira doutrinal e isso nos coloca no centro dos debates atuais. Os vínculos entre a moeda e a dívida pública são orgânicos. São os pilares da coesão das nações; é o que faz unir os membros de uma mesma sociedade. Com efeito, a dívida pública é uma dívida dos cidadãos para com a nação. Ela é a contrapartida da proteção civil e social e da produção de bens e serviços

 Zona do Euro

públicos que a nação enquanto coletividade fornece a seus mebros. O regulamento dessa dívida é um processo que se estende no tempo entre as gerações, já que a nação é postulada perene com relação à vida de seus membros. O regulamento da dívida depende do poder de taxar que pertence ao Estado soberano. A sustentabilidade da dívida pública é, portanto, um processo de longo prazo. Quanto à moeda, é uma dívida da nação sobre ela mesma, é por isso que ela possui um poder liberatório incondicional para todo membro da sociedade que a detém. A ligação entre o Estado e o Banco Central, a instituição investida do poder de emitir a moeda é, por conseguinte, íntima. O Estado declara a moeda legal. O Estado garante o capital do Banco Central. Em contrapartida, o Banco Central é o credor em última instância do Estado. Isso é indispensável em razão da interdependência íntima entre risco soberano e risco bancário.

Isso permite compreender em quê o euro é uma moeda incompleta e porque a promessa de soberania não foi alcançada. O tratado de Maastricht reconheceu o euro como moeda legal em todos os Estados membros. Mas, o BCE é uma filial comum desses Estados membros por intermédio dos bancos centrais nacionais. Cada Estado é responsável pela solvência do BCE apenas pela parte de capital que a ele engajou. Como consequência, o BCE não é o credor de última instância dos Estados membros. Isso faz do euro uma moeda externa para cada país. A soberania política sobre o euro não está completamente constituída. Por essa razão, é juridicamente impossível ao BCE de erradicar a contaminação quando ela apodera-se do conjunto dos mercados de dívidas públicas. E, portanto, a existência mesma do euro depende de sua capacidade em abafar a contaminação. Esse dilema deverá ser resolvido.

Não pode então existir política cooperativa na Europa se a moeda é externa a todos os países membros. Existe, no entanto, um país em que o euro é menos externo do que para os outros: a Alemanha. Se a Alemanha aceitasse atuar no papel de líder benevolente, isto é, se ela considerasse os interesses do conjunto da União Monetária na conduta de sua própria política, poderia alcançar a um <<second best>>. Mas não é assim. Veremos mais adiante porque a Alemanha não exerce essa liderança. É verdade que a França tem um grande grau de responsabilidade nesse malogro: em 1994, o deputado CDU Karl Lamers, presidente da comissão de relações exteriores no Bundestag, propôs aos dirigentes políticos franceses uma forma de intergovernabilidade, com conselhos de ministros comuns, que teria permitido avançar em direção a uma unidade político-monetária. Os franceses recusaram, por sua vez, pelo fato do contexto particular (a coabitação, o fim do segundo mandato de François Mitterrand) e porque uma grande parte do RPR era hostil à ideia. Foi neste momento que o conceito de uma cooperação política avançada desapareceu.

Construiu-se, portanto, algo que podia funcionar em tempo de calmaria, mas que ia se revelar frágil em tempos tempestuosos. Para coroar o todo, nenhuma saída do euro é prevista no tratado fundador. Porém, na História ou as uniões monetárias foram dissolvidas (união latina e união escandinava), ou elas instituíram uma soberania política. O Reich alemão fundou em 1871 a união político-monetária sobre a base do Zollverein, a união aduaneira que existia desde 1833.

A Zona do Euro não dispõe, portanto, nem de uma organização cooperativa, que permitiria formas de ações políticas coletivas no sentido de um avanço federal, nem de uma organização hierárquica, na qual um país líder forneceria a coerência. As rivalidades políticas interagem em um jogo não cooperativo. Dentro desse tipo de jogo, existem múltiplos equilíbrios. Pode-se eventualmente encontrar um equilíbrio satisfatório em condições normais, mas em período de crise os países repercutem seus desequilíbrios uns sobre os outros e os comportamentos de passageiros

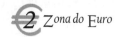

clandestinos se amplificam. As divergências de visões políticas nutrem o pessimismo que se expressa nos mercados de títulos de dívidas públicas.

Resumo

A Zona do Euro é original no sentido de que ela é uma união monetária fundada sobre uma moeda única que pretende poder se passar por uma unidade política. Essa anomalia histórica se prende ao compromisso que a fez nascer. A fragilidade estrutural de tal construção tinha sido uma premissa na crise do SME que possui diversos traços comuns com a crise da Zona do Euro. O abandono da soberania monetária no embate com o Marco Alemão se revelou insustentável. Ele é hoje uma deficiência cada vez mais dolorosa para os países mais afetados pela crise financeira, pois a incompletude do euro faz dela uma moeda estrangeira aos países membros. Sabe-se que os países que se vinculam a uma moeda estrangeira a câmbio fixo geralmente não conseguem conservar este regime quando eles são submetidos às restrições de um endividamento julgado insustentável pelos credores. Tal é a ameaça que pesa sobre a Zona do Euro em seu modo de governo atual.

Porém, esse modo de governo não se atém somente a uma configuração de interesses políticos divergentes, os quais estão ligados às diferenças estruturais identificadas mais acima e exarcebadas pela crise financeira. Ele se atém mais fundamentalmente a uma ideologia versando sobre a natureza da moeda. A concepção que conduziu a atribuir o estatuto do BCE nega que a moeda seja legitimada pela garantia do soberano político. Segue-se que este estatuto confere um mandato que impede o BCE de atuar como credor em última instância dos Estados segundo o tratado fundador de Maastricht. Esse dilema ameaça a existência mesma da Zona do Euro.

3

Como se explica que um problema local, a derrapagem das finanças públicas numa tão pequena economia como a da Grécia, detectado desde o outono de 2009, pôde degenerar dois anos mais tarde em crise por sua vez de soberania e bancária em toda a Zona do Euro e ameaçando a totalidade da economia mundial?

Frequentemente, um incêndio florestal inicia-se por uma bituca de cigarro mal apagada se a floresta está densa, mal cuidada e não vigiada. Ocorria o mesmo com sistema financeiro europeu e internacional no decorrer dos anos 2000. Vimos anteriormente que não havia nenhuma vigilância da explosão do crédito orquestrado pelos bancos internacionais, dentre os quais os bancos europeus estavam entre os mais ativos. A floresta densa que propaga o fogo a uma velocidade fulminante é a rede inextricável de contratos derivados tóxicos tecidos pelos bancos para deslocar os riscos na totalidade do sistema financeiro. Isso leva a uma correlação de preços de ativos financeiros e de seus produtos derivados de uma parte, e de outra parte uma miscelânea de riscos de contrapartidas as quais os investidores financeiros não tinham consciência. Essa correlação tem o papel de arbustos para propagar o fogo quando um choque sacode o castelo de cartas dos compromissos inerentes às dívidas acumuladas. Os agentes financeiros se desiludem com a euforia que a expansão financeira anterior proporcionava com seus bônus, seus dividendos e seus ganhos de capital, que se assentavam apenas sobre a crença de que o carrossel da especulação altista sobre os preços dos ativos iria continuar indefinidamente. Na incapacidade de distinguir os riscos intrínsecos diferenciais trazidos pelos ativos financeiros, os investidores em busca de segurança procuram vender tudo que lhes parece arriscado, provocando, assim, a contaminação que eles temem.

Resta saber por que a Grécia teve o papel de ponta de cigarro jogada pela negligência. Para tanto, um pouco de história é necessário. A Grécia emergiu de seu longo sono no declínio do Império Otomano em 1829 pela vontade da Inglaterra, da França e da Rússia. Era um país pequeno, exclusivamente rural e de grande pobreza. Tudo tinha que ser construído, mas os grandes trabalhos não foram eficazes para industrializar o país. A dívida grega foi à falência no momento da crise financeira mundial de 1893. Antes e após essa falência, o país nunca foi capaz de se modernizar devido a seu sistema político. De suas antigas origens bizantinas prolongadas no cerne do Império Otomano, a Grécia conservou um sistema político clientelista, onde a capacidade de aumentar o imposto é corroída pelos privilégios e pela corrupção. No século XX, a repercussão das duas guerras mundiais foram terríveis para o país. A nova Turquia nacionalista, decidida a recuperar os territórios perdidos quando do desmantelamento do Império otomano, ganhou uma batalha decisiva contra a Grécia em 1922, expulsando os gregos de todos os territórios da Ásia Menor. Em seguida, a ocupação nazista de 1941 a 1944 foi seguida até 1949 de uma pavorosa guerra civil que deixou o país exangue. A Grécia empreendeu uma reação sob a forma de um verdadeiro protetorado americano. Mas, o sistema político não se renovou e um novo pesadelo de seis anos

3 Zona do Euro

se abateu sobre o país a partir do golpe de Estado de 1967, até que o desastre militar infligido pelos turcos ao Chipre expulsasse os militares do poder em 1973, restabelecendo um poder civil nas mesmas condições que antes.

Foi nessas circunstâncias que se colocou a questão sobre a entrada da Grécia dentro da Comunidade europeia. Os dirigentes alemães eram contra, julgando a Grécia muito atrasada para participar da comunidade europeia, que na época tinha nove membros. Todavia, Valéry Giscard d'Estaing forçou e conseguiu superar as resistências de seus parceiros em 1979. A Grécia foi admitida na Comunidade por razões exclusivamente políticas: fortalecer a democracia. Basta lembrar da frase célebre do presidente francês: <<Não fechamos as portas a Platão.>> Enquanto membro da comunidade europeia, a Grécia ratificou o tratado de Maastricht em 1992. Mas isso não era uma razão para aceitar esse país no seio da Zona do Euro. Além disso, sua admissão em 2001 foi feita em violação dos critérios de convergência a serem respeitados. Portanto a Comissão Europeia e o BCE, supostos modelos da virtude econômica e os censores intransigentes de desvios, deram um parecer favorável. Repete-se o mesmo refrão que em 1979: <<a Grécia é politicamente muito importante para ser deixada de fora.>> E depois, era dito nos círculos políticos europeus, já que o PIB da Grécia perfazia menos de 1% do PIB do continente, que ela não ameaça criar grandes problemas.

A Grécia entrou no euro dois anos depois dos outros países, em 2001, por razões essencialmente políticas. O sistema político nunca foi reformado. A estrutura de Estado-nação não é constituída da mesma maneira que no restante da Zona do Euro. Em poucas palavras: não existe sistema fiscal. O tesouro não coleta impostos. A corrupção é geral. Os potentes poderes privados potentes ditam ao Estado sua política. Também, os proprietários de navios constituem uma corporação antiga que soube preservar seus interesses sobre todos os regimes. Se o capital dos proprietários de navios colocados em paraísos fiscais fosse repatriado, a dívida pública poderia ser saldada. De seu lado, a Igreja ortodoxa se abstém da obrigação de pagar impostos sobre suas imensas propriedades fundiárias. Os ganhos das profissões não salariais são largamente não declarados. Segue-se que os planos de austeridade impostos atualmente à Grécia possuem uma fraqueza fatal: eles recaem apenas sobre as categorias sociais economicamente mais fracas.

Quando a Grécia entrou na Zona do Euro, os investidores europeus acolheram o evento como para os outros países dois anos antes. As taxas de juros sobre a dívida pública grega desceram ao nível das taxas alemãs. As agências de notação, as ditas bússolas dos mercados, confirmaram a qualidade da dívida grega. Portanto, enquanto os mercados e seus informadores ludibriavam-se a si mesmos em sua cegueira, os indicadores macroeconômicos falavam alto. A balança corrente da Grécia, que já era deficitária na ordem de 7% do PIB no momento da entrada do país na Zona do Euro, desmoronou a partir de 2004, atingindo 15% do PIB em 2007. Isso quer dizer que a dívida privada e pública aumentaram vertiginosamente em conjunto, tornando o país cada vez mais dependente dos credores estrangeiros, e isso dentro da indiferença total dos famosos mercados encarregados de disciplinar os devedores.

O mais interessante do caso é que já em 2004 uma auditoria foi feita, e mostrava que as contas públicas não tinham relação com as contas oficiais e isso graças a Goldman Sachs, que ajudara o governo grego a camuflar as dívidas por *swaps,* permitindo tirá-las da contabilidade pública. Isso não é de surpreender já que a crise de *subprimes* mostrou que Goldman Sachs estava em todas as trapaças, com a ajuda de agências de notação, para ludibriar os investidores que compraram créditos estruturados conscientemente concebidos para ter riscos de inadimplência muito elevados. Em todo caso, a

3 Zona do Euro

auditoria mostrou que em 2001 o déficit público da Grécia não era de 1,4% mas de 3,7%, e que em 2004 ele não era de 1,2% mas de 5,3%.

O mais incrível é que a auditoria de 2004 não mudou nada. No outono de 2009, as fraudes e as dissimulações continuaram mais ainda até chegar ao abismo profundo, revelado em favor de uma mudança de maioria. Em outubro de 2009, o governo Papandreou revelou aquilo do qual começava a se suspeitar fortemente: as contas gregas estavam maquiadas. A surpresa veio da amplitude da dissimulação: constatava-se um déficit de 8 a 9%, e não de 3%. Esta revelação provocou um choque de mercado, e os bancos públicos gregos foram os primeiros a serem afetados. Com efeito, a dívida pública grega detida pelos bancos gregos atingia 55 bilhões de euros. Esses bancos foram um potente meio de transmissão da crise ao conjunto da Europa.

Então, os mercados saíram de sua cegueira. O fogo que ardia na bituca de cigarro inflamou os arbustos em seu redor, depois se propagou para toda floresta de dívidas europeias diante dos bombeiros impotentes. É preciso dizer que os bombeiros europeus possuem algo de particular, eles não cooperam. Eles não têm as mesmas ideias sobre a maneira de dominar o fogo. Eles consideram que é papel dos habitantes mais ameaçados pelo incêndio demonstrar que eles próprios podem apagar o fogo. Eles se contentam em fornecer o material mais mesquinho possível. Foi assim que a crise das dívidas públicas europeias se propagou de país em país.

Em seguida, vemos também, se desenvolver uma dupla crise, afetando por sua vez o setor bancário (e a economia privada) assim como as finanças públicas. Desde janeiro de 2010 assistimos a uma divergência dos *spreads*

(as diferenças de taxas de títulos) com a Alemanha, que tem lugar de referência na Zona do Euro.

A partir disso se desenvolve o processo autorrealizador: a dívida pública sendo considerada como duvidosa, a probabilidade de inadimplência aumenta, e entra-se então em um novo regime de dívidas, com um rápido aumento no custo do dinheiro - o que sobrecarrega consideravelmente a carga da dívida e, segundo um círculo vicioso, contribui para aumentar o volume dessa limitando fortemente a capacidade do Estado em sustentar a economia.

A inquietude dos investidores ativa esse ciclo, que em retorno o faz subir. A alta das taxas de juros vinculados leva mecanicamente uma baixa dos valores da dívida; o que provoca uma demanda de cobertura. Essa demanda se traduz por um prêmio de risco mais elevado – por conseguinte uma alta das taxas – mas, também, por uma inflação do mercado de Credit Default Swap (CDS), que possuem produtos sobre o risco de crédito. O mercado do CDS se embala e torna-se especulativo: certos agentes do mercado começam a adquiri--los sem mesmo deter a dívida grega na previsão de que o aumento da probabilidade de inadimplência sobre a dívida pública poderá aumentar seus preços.

Existe aí uma série de inversões. Em condições normais, a taxa obrigatória determina o prêmio. Em situação de crise, é o *spread* que se torna o indicador de referência e determina a taxa de juros. Em tempos normais o mercado de CDS faz parte dos sinais avaliados pelos investidores para analisar o risco do crédito, enquanto que, no momento de crise ele começou a funcionar de forma autônoma. No total, o preço dos CDS se transmite ao da dívida, com um efeito bola de neve sobre a carga da dívida... e uma alta do valor dos CDS.

Essa tormenta dos mercados fez vítimas colaterais, pois os bancos estavam comprometidos. Com as dúvidas crescentes sobre a capacidade da Grécia em reembolsar as dívidas, na primavera de 2010 os bancos internacionais não queriam mais emprestar aos bancos gregos. E os bancos estrangeiros engajados sobre o mercado grego começaram também a se tornar objetos de certas suspeitas. É, sobretudo, o caso dos bancos franceses, comprometidos em 10 bilhões de euros sobre uma única dívida pública, mas em quatro vezes esse valor, ou seja, 40% de seu capital, sobre a totalidade dos agentes econômicos gregos. Pelo fato de que a inadimplência relativa às dívidas públicas de um país ocasiona uma violenta recessão que leva numerosos agentes privados à falência, e a posição total dos bancos estrangeiros sobre o país que é preciso considerar (os créditos que eles detêm sobre os bancos, sobre os ativos do Estado, sobre as empresas e eventualmente as famílias, para os que possuem filiais na Grécia). Os bancos expostos ao risco grego se refinanciam mais caro; eles se tornam, por conseguinte, mais adversos ao risco e reduzem sua propensão a dar crédito, o que acaba afetando a economia real em seus países de origem.

Essa série de efeitos em cadeia não se desenvolveu de forma completamente espontânea. Ela foi alimentada pela negação política sobre a questão da possibilidade de uma inadimplência grega. Os dirigentes gregos e europeus deram declarações contraditórias, e no fundo nada foi feito antes de maio de 2010. O pessimismo dos mercados então se reforçou. Entre os primeiros sinais de nervosismo dos mercados em dezembro de 2009 e o início das dificuldades para os bancos em janeiro de 2010, nada fizeram. Em seguida o BCE entrou no jogo aceitando refinanciar os bancos engajados na Grécia e aceitando colaterais que ele não teria aceitado em condições normais. Mas detev-se aí.

No primeiro trimestre de 2010, todas as falhas apareceram com clareza. E no tempo tomado para se chegar a um primeiro plano de salvamento, a situação se degradou ainda mais, tornando o plano insuficiente. Foi assim que o incêndio devastou toda a Europa. Em setembro de 2011, em seu relatório sobre a estabilidade financeira global (*Global Financial Stability Report*), o FMI ilustrou o efeito de propagação da degradação da dívida grega. As perdas ou as provisões para perdas a serem constituídas que amputam o lucro dos bancos podiam levar 60 bilhões de euros para os bancos europeus levando-se em consideração seus comprometimentos totais sobre a economia grega, notadamente sobre os bancos gregos. Quando o pânico dos investidores financeiros propagou a crise às dívidas irlandesas e portuguesas aumentando vertiginosamente as taxas de juros, as perdas elevaram-se a 80 bilhões. Isso se manteria absorvível pelos grandes bancos com seu próprio capital. Mas, se o contágio se estendesse às dívidas belga, italiana e espanhola, o impacto seria de pelo menos 300 bilhões de euros.

Não é de surpreender que o FMI tenha soado o alarme fazendo notar pela voz de Christine Lagarde que os bancos europeus estavam notoriamente descapitalizados – o que teve o dom de desencadear a ira do lobby bancário. Para acalmar o jogo, em sequência a um enésimo plano de salvamento preparado pelo Conselho europeu do dia 27 de outubro de 2011, a EBA (European Banking Agency), o novo organismo europeu de supervisão dos bancos, fez testes de estresse bancário para estimar o montante de fundos próprios adicionais necessários aos bancos. Ele se fixou no valor de 106 bilhões. Existe, todavia, um pequeno problema na interpretação desse valor. O objetivo dos testes de estresse consiste em princípio estudar as consequências de eventos extremos sobre a capacidade de resistência dos bancos. Dentro das condições e na época em que eles foram feitos, todo ser razoável teria pensado que a inadimplência da Grécia e o contágio induzido a outros países teria sido um cenário a ser estudado em prioridade. Mas não, para surpresa de todos, essa hipótese foi <<esquecida>> pela EBA. Era preciso evitar irritar o lobby bancário indevidamente.

Ao lado dos bancos estão as companhias de seguro e os fundos de pensão que são grandes detentores de dívidas públicas. No final de 2010, esses investidores financeiros detinham a bagatela de 1215 bilhões de euros de títulos emitidos pelos governos da Zona do Euro com fundos próprios de 439 bilhões, segundo um comunicado do BCE de 4 de outubro de 2011. Portanto, não houve testes de estresse detalhados publicados, somente uma estranha indicação do FMI sugerindo que duas companhias de seguro italianas e duas francesas poderiam perder mais de 70% de seus fundos próprios.

Entende-se que esses valores possam colocar fogo na pólvora. São, de alguma maneira, catalisadores do contágio. Acrescenta-se a impotência revelada pelos governos no decorrer de 2011 e finalmente não estamos surpresos da espiral autodestrutiva que se apoderou dos mercados financeiros.

O principal instrumento criado pelo conselho para apagar o incêndio foi o Fundo Europeu de Estabilidade Financeira (FESF) em maio de 2010. Trata-se de um intermediário financeiro ao estilo das decisões europeias destinado a fazer empréstimos a países cujas emissões de títulos da dívida pública devem substituir os que estão chegando ao vencimento, mas, que não conseguem ser financiados sobre os mercados ou que encontram restrições proibitivas. O FESF foi dotado de um capital sobre o qual participam dezessete Estados da Zona do Euro, cada um trazendo a parte que ele tem dentro do capital do BCE. Não há mais solidariedade para alimentar um fundo destinado a preservar a solvência dos Estados em dificuldade do que há para ajudar diretamente os países. Mas ele mesmo deve ser capaz de tomar empréstimos às melhores taxas sobre o mercado para oferecer custos razoáveis aos países que lhe tomam empréstimo. Isso quer dizer que somente os países cujas finanças públicas são as melhores avaliadas podem contribuir efetivamente para a capacidade de intervenção do FESF, o qual dispõe de praticamente 440 bilhões úteis, dos quais 119 bilhões foram utilizados em benefício da Grécia, da Irlanda e de Portugal. Os 320 bilhões restantes são muito inferiores às necessidades que poderiam atender a Espanha ou a Itália. Além disso, este montante é 85% constituído pelas contribuições da Alemanha e da França. Não é de surpreender que o FESF consolida um diretório franco-alemão sobre a Zona do Euro, salvo que eles não se entendem sobre nada.

Com efeito, as tentativas para reforçar os meios ou as formas de intervenção do FESF a fim de lhe tornar mais eficaz fracassaram, como por exemplo, a proposta francesa de transformá-lo em banco que pudesse tomar empréstimo do BCE, ou a da Comissão de transformá-lo em seguradora para garantir uma parte dos títulos detidos pelos investidores. É suficiente que uma proposta seja feita por um governo ou pela Comissão para ser imediatamente recusado pelo governo alemão em nome da ortodoxia ou da conformidade aos tratados.

Os agentes desses mercados veem bem que o FESF não dispõe de recursos necessários para resistir à força do incêndio. Eles fazem apelo a uma mobilização geral das autoridades políticas e financeiras de toda a Zona do Euro. Podem atuar de forma eficaz? Segundo qual sequência? Antes de analisar essas questões, é preciso fazer uma análise da última saída do processo em curso se ele não está represado. Isso permite reconhecer a altura do que está em jogo.

 3 Zona do Euro

Resumo

Uma crise financeira se propaga por contágio a partir de um elo fraco na rede de interdependências financeiras. A Grécia foi o elo fraco, pois sua entrada na União Europeia e depois na zona do euro, foi feita segundo imperativos políticos que desafiavam a racionalidade econômica. A Grécia não estava em condições de unir-se ao euro. A fraqueza de seu sistema político teve a ver com a capacidade de aumentar o imposto, tornava o país incapaz de respeitar os critérios de entrada. Além disso, a falta de transparência democrática permitiu os sucessivos governos de dissimular a amplitude dos déficits públicos durante diversos anos.

Esse desvio também tornou-se possível pela dinâmica financeira dos anos 2000 antes da crise: euforia dos investidores, alta generalizada dos preços dos ativos, custo do crédito muito baixo e passividade total das autoridades públicas não importando quais sejam. Em uma situação de dívida já abalada pela crise financeira e a extensão da exposição dos governos para amortecer seus efeitos, a revelação da amplitude das dissimulações da Grécia agiu como um catalisador. Esse evento desencadeou o jogo de interdependências atando as dívidas públicas e bancárias em toda a Europa. Essas deveriam ter sido manifestadas antes, mas a incerteza sobre a verdadeira situação, a miopia dos investidores, as decisões intempestivas dos agentes de notação que jogaram conscientemente óleo sobre o fogo, e o conluio dos bancos e dos poderes públicos para dissimular a fragilidade dos primeiros mantiveram o castelo de cartas de dívidas em um tipo de equilíbrio instável. É o papel de um catalisador de dissolver esse estado improvável. O catalisador produz os efeitos sem comum medida com sua própria massa.

4

A dramatização da crise conduz certos observadores a preconizar a saída da Grécia da Zona do Euro, ou mesmo a dissolução da zona, como uma solução? O que você pensa a respeito?

Essa questão é incontornável, pois as diferentes opções ocasionariam efeitos consideráveis, colocando em movimento forças cuja amplitude é conveniente mensurar. Encontramo-nos hoje em um ponto de bifurcação. Qualquer que seja a saída da crise, a Zona do Euro sairá profundamente transformada.

É preciso primeiro raciocinar do ponto de vista da Grécia e de seus interesses, depois considerar quais poderiam ser as consequências sobre seus parceiros e sobre as instituições europeias de uma decisão unilateral da Grécia em sair da Zona do Euro.

O país, nós o sabemos, é insolvente. Apresenta-se, por conseguinte, uma alternativa entre uma inadimplência <<organizada>>, no interior da Zona do Euro, ou uma saída unilateral do euro. Essas duas possibilidades foram evocadas nas mídias, mas existem em realidade poucas analises sólidas sobre as quais se fundamentar para imaginar cenários e avaliar as consequências. No entanto, a história recente nos oferece algumas referências a partir das quais podemos refletir: o caso japonês, com uma austeridade de longo termo associada ao marasmo indefinido, e o exemplo da Argentina que tinha adotado o regime de *currency board*, com uma taxa de câmbio fixada constitucionalmente de um peso para um dólar e, portanto, uma economia amplamente dolarizada. A Argentina conheceu uma crise de insolvabilidade de sua dívida pública em dezembro de 2001, conduzindo à queda do governo e ao restabelecimento de uma moeda autônoma nacional em janeiro de 2002. O restabelecimento bastante rápido da economia Argentina incita a estudar essa experiência para se tirar pontos de referência que guiem a uma conjetura sobre o que poderia acontecer com a Grécia.

Mas, antes, por que a Grécia poderia estar a tal ponto encurralada? Foi entendido que a escolha pelo governo grego, que não tem nenhuma capacidade de influenciar as decisões no interior da Zona do Euro, foi a de considerar os custos e vantagens da seguinte alternativa: ou a Grécia aceita a falência camuflada que a Zona do Euro lhe impõe com seus planos <<de ajuda>> sucessivos em condições cada vez mais rígidas, ou ela decide cortar as amarras e anuncia uma falência unilateral implicando a saída da Zona do Euro.

Na hipótese de uma inadimplência no seio da União econômica e monetária, pode-se presumir que as dívidas oficiais permanecerão intactas, ou seja, continuarão a permanecer devidas. Elas não são amparadas pela lei grega, o FMI é sempre reembolsado, e os empréstimos sucessivos que os Estados parceiros fazem pelo intermédio do Fundo europeu de estabilidade financeira estão sob disposições jurídicas análogas. Essas dívidas representavam 109 bilhões de euros em novembro de 2011. Elas apenas aumentariam, restando as dívidas privadas. Os bancos gregos estão expostos à soma de 30 bilhões de euros sobre seu próprio Estado. As perdas varreriam seu capital e eles cairiam em falência imediatamente. Pode-se imaginar que o FESF empreste ao estado grego e que este recapitalize seus bancos. Essa nacionalização é, aliás, inevitável, em qualquer que seja o cenário mantido, pois a

Zona do Euro 4

falência pública destruirá antes o capital dos bancos. Mas isso reforçará ainda o peso da dívida a ser reembolsada com o tempo, na hipótese de um cenário de permanência na Zona do Euro.

Imaginando que o contágio desencadeado pela deterioração contínua da situação da Grécia seja parado e que seja possível isolar a falência latente da Grécia, quais são as consequências a longo prazo para os países desse ambiente financeiro? Que possibilidades teria a Grécia de reparar sua situação econômica? Pois uma coisa é evitar uma catástrofe a curto prazo, outra é sair permanentemente da crise.

A ideologia política que reina na Europa não permite visualizar nenhum aumento do crescimento a longo prazo. O crescimento da Zona do Euro apenas diminui de década em década. Não é a recessão que inicia no fim do outono de 2011 que vai ajudar a restabelecer uma tendência mais dinâmica. A via tomada é, portanto, a via japonesa: crescimento permanentemente pequeno impedindo a dívida pública de baixar. No entanto, a Zona do Euro não é o Japão e é preciso perceber que esta fonte não é viável. De fato, o Japão é um país homogêneo com um potente setor industrial operando em uma zona dinâmica do mundo. A dívida japonesa – retornaremos a ela – é praticamente financiada, por inteiro, através da poupança dos residentes, que aceitam taxas de juros muito baixas, tornando o custo da dívida muito inferior. Foi bem entendido que a situação dos países da Zona do Euro é o inverso: heterogeneidade das competitividades como vimos acima, grande importância de não-residentes e taxas de juros que explodem nos países cujos títulos são atacados nos mercados financeiros.

A Grécia sofre o paroxismo dessa situação, que combina uma austeridade econômica cada vez mais dura com a colocação do país sob tutela política, de uma parte, e de outra, a exclusão de todo dinamismo na Zona do Euro, que lhe

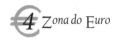 Zona do Euro

daria uma demanda externa de substituição. Isso significa que a austeridade imposta à Grécia para atender o endividamento resultante de sucessivos planos de ajuda conduz o país a trabalhar indefinidamente para reembolsá-las. Isso não deixa nenhuma esperança de reverter a situação.

De maneira geral, parece evidente que continuando a política atual e a generalizando a todos os países cujos títulos públicos são atacados pelo mercado chegaria-se a uma situação durável de austeridade generalizada, cujo objetivo de recolocar a dívida pública sobre uma trilha sustentável seria autodestruidor. Acreditar que isso poderia restabelecer o crescimento seria um erro, pois a austeridade não pode fazer voltar economias privadas, pois elas mesmas são deficitárias devido a amplitude das dívidas privadas a serem reduzidas. Pode-se, no entanto, considerar que uma política de austeridade diferenciada, visando restabelecer a homogeneidade de competitividade entre as economias poderia fazer sentido. Mas se a política de austeridade visa competitividade unicamente pelo corte da proteção social (o que chamamos na linguagem tecnocrata <<política estrutural>>) e pelo rebaixamento dos salários nos países em que eles tinham anteriormente aumentado mais, seria um passaporte para a ruína. Pois é preciso uma boa dose de má fé para reivindicar que mais austeridade inverteria a psicologia dos mercados e faria baixar as taxas de juros, enquanto que essa política conduzida até agora convenceu os investidores de que os países assim restringidos não poderiam desprender-se dela. Essa evolução perversa é particularmente espetacular para a Grécia.

Examinemos as consequências das políticas de austeridade infligidas à Grécia desde maio de 2010 pelos tecnocratas do FMI, do BCE e da Comissão Europeia, reunidos sob o nome de tróica. As políticas preconizadas cobrem um conjunto de medidas: forte baixa dos salários no setor público (de

20 a 25%), aumento de impostos e pressões para privatizações massivas que conduzem à liquidação do capital da nação. O resultado para a Grécia foi uma baixa do PIB de 3,7% em 2010, 5,5% em 2011, e provavelmente de 3% a 4% em 2012. A Grécia não está, portanto, em recessão, mas em depressão. Segue-se uma contração das receitas fiscais que impedem o país de respeitar seus compromissos. A lógica implacável quer que se recoloque uma camada de austeridade, com um resultado pouco surpreendente. Ao invés de parar a progressão da dívida pública, os planos sucessivos fizeram-na galopar a um nível superior a 160% do PIB no final de 2011, um valor em rápida ascensão. Ao mesmo tempo, a balança corrente manteve-se negativa em 10% do PIB enquanto os criadores dos planos de austeridade previam uma sensível melhora a 7,5% testemunhando uma dependência financeira cada vez maior com respeito aos não-residentes. Mas pouco importa! Os burocratas de Bruxelas nunca se colocam em causa diante dos fatos. Se os números não estão conforme o que se buscava, é culpa da Grécia que não aceitou austeridade sem protestos, certamente não é por causa do desmoronamento da produção provocada pelo plano imposto.

Para os gregos, uma inadimplência implícita no interior da União econômica e monetária, tal como esta foi considerada desde o plano de 21 de julho de 2011 antes de ser amplificada no plano de 27 de outubro, não mudaria radicalmente essa situação. As dívidas seriam reescalonadas, o que implicaria perdas calculadas para os credores privados. Mas o país veria sua dívida aumentar pela ajuda suplementar que se tornou indispensável para honrar os próximos vencimentos, já que o país não pode mais tomar empréstimos nos mercados. O governo tornou-se tecnocrata sob a pressão franco-alemã, como mostrou o lamentável episódio do referendo abortado, é obrigado a pedir à população esforços cada vez mais penosos em uma negação da democracia e sem que até agora isso permita melhorar a situação do país a longo termo. Seria, portanto, necessário, para que a opção seja viável, uma gestão política pela Europa que injeta um financiamento de investimentos estruturantes do tipo plano Marshall para a Grécia, visando melhorar a competitividade pela alta da produtividade e não pela baixa dos salários. A ajuda à Grécia deve cessar de tomar forma de empréstimos que apenas aumentam o endividamento e afundam o país em uma dependência sem nenhum efeito econômico positivo. É preciso que sejam transferências definitivas, dedicadas ao investimento produtivo, por fundos estruturais europeus cujo uso seria planejado e controlado. Mas nada é previsto neste domínio, pois os políticos de hoje estão longe de ter a estatura e a visão estratégica dos homens do pós-guerra.

Devido a isso, se a corrente atual de eventos não for radicalmente transformada no nível europeu, eventos sociais poderiam se produzir na Grécia que levariam ao poder dirigentes políticos nacionalistas, visando uma saída unilateral da Zona do Euro. É indispensável que esse cenário seja estudado. Passa-se da via japonesa impraticável à ruptura argentina. Essa bifurcação é uma aposta sobre o crescimento a longo prazo. Ela recolocaria a Grécia no mundo dos países de mercados emergentes e permitiria aplicar métodos heterodoxos de política econômica que obtiveram sucessos remarcáveis nesses países desde o início dos anos 2000.

Continuando a se colocar do ponto de vista grego, é preciso considerar a fatiga da austeridade já perceptível e, sobretudo, o fato que uma inadimplência parcial teria de fato como consequência apenas retardar a saída da União Monetária. A hipótese de uma saída precoce não está fora de propósito: ela permite notadamente interrogar a ligação entre o curto prazo e o longo prazo, e colocar a questão da duração – alguns meses, alguns anos? – referente ao curto prazo. É aí que o exemplo da inadimplência argentina de 2002 pode nos ajudar a refletir.

Uma saída unilateral do euro é uma aposta, afinal, ela é catastrófica a curto prazo, mas dá esperança de um salto capaz de levar o país em uma via de crescimento. De imediato, isso implicaria a introdução de uma nova moeda (que a chamaremos de dracma, por comodidade). Por essa operação, a Grécia retomaria o controle de sua política monetária; 90% da dívida privada está sob direito nacional: o *haircut* (isto é, a diminuição drástica do valor da dívida) seria efetuado via a baixa do câmbio. Na prática, esse tipo de operação exige uma sequência particular, que não foi completamente respeitada no caso argentino. Não se deve esperar que o câmbio comece a ceder para fazer a conversão das dívidas. É preciso converter ativos e passivos do euro em dracmas a partir da decisão política de instituir a nova moeda, pois a reforma monetária e a transformação da estrutura financeira são apenas um. Pode-se imaginar uma série de etapas em um tempo extremamente curto: em primeiro lugar, congelar todas as contas (para evitar as fugas maciças de capital, do tipo malas de dinheiro); em segundo lugar, fazer a conversão instantânea (os argentinos tinham esperado); em terceiro lugar, fechar os bancos por pelo menos uma semana para alimentá-los com dinheiro, reconfigurar os caixas automáticos e examinar suas contas (nos Estados Unidos a administração Roosevelt tinha imposto um *recesso bancário* de três semanas em março de 1933); em quarto lugar, será necessário que o Estado emita temporariamente títulos de prazo muito curto servindo de meios de pagamento (*notas promissórias*) até que os circuitos da nova moeda sejam estabelecidos; em quinto lugar, nacionalizar os bancos, o que permite garantir os depósitos, mas também, no momento de recomeçar a fazer crédito, orientar o capital em direção de produção interna.

Quais seriam as consequências econômicas? Lembremos os compromissos da experiência argentina antes de ver quais ensinamentos tirar para a Grécia. Primeiramente há uma grande semelhança entre as tribulações vivenciadas pela Argentina de 1998 a 2001 e as da Grécia desde o fim de 2009. A Argentina foi submentida a todas as receitas da ortodoxia dita do consenso de Washington. O abandono do *currency board* foi um tabu. Sob a tutela do FMI, a Argentina ia de um plano de austeridade a outro; o país estava mergulhado em um marasmo permanente e a taxa de desemprego havia se elevado a 16,4%. O *spread* sobre a dívida pública, com relação a taxa de juros americana, atingia 2500 pontos de base (25%) no verão de 2001; o que é mais ou menos o nível do *spread* da Grécia com relação ao Bund alemão no outono de 2011. A austeridade drástica implicava uma penúria de liquidez e moedas paralelas tinham feito sua aparição nas províncias. A competitividade degradava-se cada vez mais, pois, mesmo que limitada pela política econômica restritiva, a inflação era sistematicamente mais elevada do que nos Estados Unidos e na Europa. O caráter insustentável da dívida foi reconhecido no dia primeiro de novembro de 2001, quando o governo exigiu de seus credores uma baixa na taxa de juros e um reescalonamento sobre 95 bilhões de títulos. Um mês mais tarde, o governo argentino ordenou o congelamento dos depósitos bancários (*corralito*) e estabeleceu um controle de câmbio drástico. O *currency board* foi suprimido apenas no dia 11 de janeiro de 2002, data na qual um novo governo apostou na <<pesificação>> autoritária (introdução forçada do peso e desdolarização). Essa decalagem foi um erro, porque a extrema penúria da moeda no intervalo e a suspensão dos contratos financeiros deram um golpe de estagnação nas trocas.

Na Argentina, houve primeiramente uma forte recessão, e poderia-se esperar o mesmo no caso da Grécia. Com efeito, o fechamento dos mercados de capital obriga a reabsorver imediatamente o déficit corrente, pois desaparecendo a ajuda europeia não haveria mais meio de financiar um crescimento da dívida exterior. Porém, o déficit corrente da Grécia é de 10% do PIB, e a base industrial do país é fraca e pouco diversificada. Isso requer, portanto, uma forte depreciação do câmbio, implicando a curto prazo em uma diminuição drástica das importações. Pode-se estimar que seria necessário depreciar o dracma em pelo menos 70% para anular o déficit corrente. Na Argentina, onde havia 100 bilhões de dólares de dívida soberana, a depreciação atingiu 64%.

Nessas condições, a inflação é primeiramente muito elevada e a baixa de ganhos reais é considerável. Na Argentina, a <<pesificação>> levou a uma queda das importações de 15% em seis meses. No primeiro semestre de 2002, o país conheceu uma recessão na ordem de 15% e uma inflação de 30%. Mas, ao fim de seis meses, a situação começou a melhorar fortemente, o que não deixou de surpreender os observadores. Não havendo ainda compreendido que a baixa inflação mundial dos anos 2000 era devido à pressão do mercado de trabalho mundial sobre os preços internacionais de bens cambiáveis sobre os mercados mundiais muito mais que devido às políticas monetárias, a maioria dos economistas esperavam uma hiperinflação e uma rejeição da nova moeda (isto é, uma adoção <<selvagem>> do dólar nas transações cotidianas). Porém, o contrário se produziu. Viu-se uma aceitação massiva da nova moeda e um refluxo rápido da inflação, que passou de 30% em junho de 2002 a 3% no fim de 2003. Esta evolução permitiu estabilizar a taxa de câmbio no nível mais baixo que ela tinha alcançado (3,6 pesos para um dólar, contra um peso por um dólar no *currency board*), portanto, uma taxa de câmbio muito competitiva. A retomada da produção foi igualmente notável, com uma alta de 17% em dois anos. Depois disso, em favor da alta de matérias primas que a Argentina é exportadora, o processo se consolidou e o crescimento perdurou durante todo o restante da década. A depreciação do câmbio levou a uma alta dos preços de exportação o que permitiu às empresas do setor de exportação e às empresas produtoras de bens concorrentes das importações sobre o mercado interior de aumentar suas margens. Essas duas evoluções concorreram em melhorar consideravelmente a balança comercial, de modo que, a balança corrente tornou-se excedentária e a Argentina acumulou reservas de câmbio graças às receitas de exportação. Com o retorno do crescimento, o governo pôde alcançar um excedente do orçamento primário (fora pagamento de juros) de 2,3% em 2003 e 3% em 2004.

O que é crucial nessa experiência é o restabelecimento da soberania monetária. No caso da Grécia, uma retomada das exportações afetaria notadamente o turismo, a produção agrícola, o frete, os serviços ligados ao comércio, e a rentabilidade reencontrada graças à baixa da taxa de câmbio poderia incitar empresas estrangeiras a se implantar. Em outros termos, o país ganharia em competitividade por uma via ofensiva e não pelo desgaste devido à baixa dos salários.

É uma aposta, mas é difícil imaginar outra maneira com que a Grécia encontre espontaneamente condições de crescimento a longo prazo. Se, em um primeiro momento, os consumidores gregos veriam os bens produzidos no exterior encarecer consideravelmente, o conjunto do país reencontraria perspectivas, e pode-se considerar globalmente que tal aposta estaria dentro de seu interesse, pelo menos se toda alternativa positiva se mantivesse bloqueada no seio da Zona do Euro.

Inversamente, a política de austeridade conduzida atualmente sacrifica o crescimento a longo prazo, e não se deve esquecer que um período longo de crescimento baixo e de desendividamento possui efeitos negativos indiretos. O desemprego de longa duração, por exemplo, diminui a empregabilidade e a qualidade da mão de obra. Uma baixa durável dos fluxos de capital reduz logicamente as taxas de investimentos no aparelho de produção, o que se traduz por dificuldades em incorporar a inovação. Por fim, as despesas de educação e de pesquisa e desenvolvimento tornam-se insignificantes, o que impede toda progressão da produtividade total de fatores. Em síntese, a economia se debilita irreversivelmente.

A questão que se coloca agora é a seguinte: qual seria o impacto sobre a Zona do Euro quanto do choque provocado pelo fato consumado de uma saída unilateral precoce da Grécia? Seria tão diferente de uma ajuda permanente à Grécia por meio de empréstimos sucessivos, já que os programas de austeridade impostos à Grécia podem apenas mantê-la em uma dependência persistente?

Nos dois casos, o problema imediato para os parceiros da Grécia é evitar a contaminação ao resto da Zona do Euro, pois essa provoca a crise de liquidez e que, se não é tratada rapidamente, conduz à insolvabilidade dos países que seriam perfeitamente solventes segundo suas determinantes econômicas. Alguns analistas consideram que o risco de contágio seria sensivelmente mais elevado se a Grécia saísse do euro, pois isso produziria um precedente. De fato, existem outros países fragilizados por suas dívidas, e não nos esqueçamos de que a dívida privada é uma protuberância perigosa por trás dessa questão da dívida pública que concentra atualmente toda atenção. Com uma contaminação, prosseguem eles, ter-se-ia, sem falta, um mergulho de toda a Europa em recessão. Mas esse argumento é especial por uma razão muito simples: o contágio já está presente! Basta observar os *spreads* da Itália, da Espanha e da França para se perceber. O contágio já está integrado nas previsões do mercado. É a consequência de todos os desacordos, reviravoltas, hesitações, erros de diagnóstico, subestimações da urgência e inércias que os governos não cessaram de demonstrar desde o outono de 2009 diante os mercados.

O sufocamento do contágio é crítico qualquer que seja o futuro da Grécia, e tocamos aí numa questão de fundo, pois a dúvida é tal que o BCE tem um papel de credor de última instância. Uma missão que não está em seu estatuto, e que é fortemente contestada por uma elite econômica e política alemã

4 Zona do Euro

ligada ao princípio de uma independência absoluta do Banco Central. Mas somente um engajamento explícito do BCE, para sustentar os países da Zona do Euro fragilizados, pode parar a rede de contágio, fazendo baixar as taxas de juros que reforçam hoje a pressão sob a qual eles estão submetidos pelo peso de suas dívidas e a fragilidade do crescimento econômico.

Será visto mais adiante como é possível contornar esse dilema. Contudo, mesmo se o contágio está enraizado, as consequências da ausência de uma política europeia, de resolução da crise financeira são uma grande ameaça sobre o futuro da Zona do Euro. No que diz respeito ao custo financeiro dos dois cenários para a Zona do Euro em seu todo, ele se distribui diferentemente no tempo, mas é, em *grosso modo,* equivalente na duração. Se a Grécia restabelece sua moeda há uma perda imediata que é o produto da depreciação do câmbio pelo montante das dívidas externas sobre a dívida designada em euros e reconvertida em dracmas. Se ela conserva o euro, o custo é o valor atualizado da ajuda que deverá ser anualmente passada à Grécia para que ela não abandone o euro. Como essa taxa de atualização é arbitrária, pode sempre ser determinada de maneira que essas duas avaliações do custo sejam iguais.

No entanto, essa ajuda perpétua não é politicamente credível, fora de uma estrutura política federal. Por sinal, não se deve, sobretudo, esquecer a dívida privada. É o crescimento da dívida exterior total dos países em déficit corrente permanente que os não residentes devem financiar e que os investidores privados não querem mais financiar. Como não é credível que os países em déficit corrente crônico muito elevado recobrem competitividade suficiente pela pressão do rebaixamento dos salários praticado sobre eles por meio da austeridade generalizada para reduzir significativamente seu déficit sem cair em uma depressão durável, a via Argentina parece a única saída no quadro da concepção política atual da zona do euro. Nesse sentido a saída da Grécia deveria logicamente implicar outras, provocando de fato uma dissolução.

R esumo

A política imposta à Grécia leva o país a um impasse, o de uma dependência perpétua com respeito aos credores estrangeiros e de uma tutela política sobre o país. Essa dependência é apenas uma questão de dívida pública excessiva, ela engloba as dívidas pública e privada exterior, e aumenta cada ano o abismo que representa o déficit corrente de 10% do PIB. Esse déficit não foi em nada reduzido em torno de dois anos de austeridade feroz que teriam mergulhado o país em três anos de recessão profunda. A crise sobre o mercado da dívida pública indica que os investidores privados renunciaram em financiá-la. É o mesmo em relação à dívida dos bancos e dos outros agentes econômicos, porque uma nação é um todo, sua solvabilidade ou insolvabilidade também. Foram, portanto, os credores públicos que foram substituídos nos mercados por planos de apoio sucessivos que servem apenas para afundar o país no endividamento. Além de transferências permanentes (e não de empréstimos), que somente o federalismo europeu permitiria, essa política não é viável.

Nessas condições, a via Argentina torna-se a única saída possível. É uma aposta sobre o restabelecimento de competitividade pela reconquista da soberania monetária graças à saída da Zona do Euro. Contrariamente ao que é falado, essa via não leva à hiperinflação na concorrência mundial da época atual sob a condição de que os cidadãos do país aceitem a nova moeda. Na Argentina o choque durou seis meses durante os quais a produção e os ganhos reais mergulharam no que era necessário para que as importações desmoronassem e o déficit corrente desaparecesse graças a uma gigantesca

 Zona do Euro

depreciação da moeda. Mas em seguida a recuperação pode ser muito rápida graças à ascenção das exportações, pois o refluxo rápido da inflação permite estabilizar o câmbio no nível competitivo que ele atingiu. Se a Grécia sai da Zona do Euro e se o processo se produz, ela pode provocar êmulos levando a uma dissolução da Zona do Euro.

5

*S*e a integridade da Zona do Euro é um imperativo categórico, como afirmam os governantes alemães, como se explica que os governos tenham deixado a situação agravar-se por uma sucessão de meias medidas?

*P*ara compreender isso é preciso examinar a governança da Europa, e em particular a forma com a qual ela foi contestada pela crise. Como vimos, a posição alemã é crucial. A Zona do Euro é um conglomerado de países em tamanhos e naturezas diferentes, e a Alemanha é o país dominante, devido a sua dimensão econômica e compromisso fundador de 1991 que moldou a Zona do Euro sobre a doutrina monetária alemã. Foi observado anteriormente que uma coerência do conjunto teria sido possível se a Alemanha tivesse exercido uma liderança benevolente sobre o conjunto da União Monetária, extraindo todas as lições da importância dessa união para sua própria posição na Europa. Em termos de governança da Zona do Euro, isso quer dizer elaborar objetivos de política econômica que levam em consideração o interesse do conjunto dos outros países, esses últimos aceitando assim ser guiados por uma política comum desde o momento em que entram na União Monetária.

Pode-se sustentar que as condições de início da Zona do Euro que relembramos anteriormente não o permitiria.

5 Zona do Euro

A Alemanha tinha o desejo feroz de reencontrar a competitividade perdida nos anos de 1990. Para tanto, o governo e as empresas conduziram uma política feroz de compressão dos custos salariais que eram tudo menos cooperativo. Ao mesmo tempo, lembremos que os excessos de crédito alimentados pela unificação financeira sob a égide do euro desencadearam a expansão de uma demanda superior às capacidades de produção em diversos países. Como as duas hastes da tesoura que se abrem, a polarização das diferenças de competitividade na Europa vem dos dois lados e não apenas de um.

Porém, é justamente essa abordagem simétrica da heterogeneidade na Europa que os melhores acadêmicos e políticos alemães rejeitam. Todos defendem uma abordagem simétrica, ou seja, rejeitam a responsabilidade das distorções criadas pelos enormes excedentes alemães sobre os outros países. Em consequência, todo o peso dos ajustes a serem feitos para reduzir essas distorções é jogado sobre os países deficitários.

Isso aliás não é datado da União Monetária europeia. Após a queda do sistema de Bretton Woods em 15 de agosto de 1971, os dirigentes alemães se opuseram à tentativa de renovação do sistema monetário internacional pelo Comitê dos Vinte de 1972 a 1974, que funcionava sobre a base de ajustes simétricos dos países excedentários e dos países deficitários. Quando da concepção do Sistema Monetário Europeu (SME) em 1979 para proteger a Europa das tempestades monetárias induzidas pela instabilidade do dólar, a Alemanha impôs um sistema assentado sobre ajustes assimétricos das outras moedas ao invés de um sistema simétrico fundado sobre uma moeda de conta comum, o Ecu. No período mais recente dos anos 2000, quando foram inflados os famosos desequilíbrios globais das balanças de pagamentos, os excedentes da China foram acusados de ser responsáveis por esses desequilíbrios e não os excedentes alemães, que entretanto, em porcentagem do PIB, eram mais elevados que os excedentes chineses. É verdade que esses últimos se faziam em prioridade sobre os Estados Unidos, enquanto os excedentes alemães se faziam em prioridade sobre as costas de seus parceiros da Zona do Euro.

Não é preciso ser um grande economista para compreender que essa atitude leva a Europa na melhor das hipóteses a um crescimento muito fraco e na pior das hipóteses a uma deflação. Se, de fato, toda a Europa se tornarnasse uma grande Alemanha, seu excedente comercial seria gigantesco para sustentar seu crescimento e seria necessário uma enorme demanda mundial para aceitar absorver as mercadorias europeias. Porém, estamos no centro de uma crise mundial e o discurso dominante para explicar a crise é que os desequilíbrios globais das balanças de pagamentos acumuladas nos anos 2000 são a causa maior da crise.

O discurso alemão é incoerente e, além disso, de má fé, pois cerca de dois terços do excedente comercial são feitos sobre os parceiros da Zona do Euro. Se a Alemanha impõe a seus parceiros a ela assemelharem-se, ela não tem nenhuma chance de substituir outros mercados no resto do mundo na escala do que é necessário para manter seu emprego industrial. Mas se a Zona do Euro se dissolve, a apreciação do Marco Alemão restabelecido ou de um Euro restrito à zona de influência germânica (Áustria, Países Baixos, Finlândia) seria de no mínimo 30% e aniquilaria o excedente alemão. O país se encontraria diante de seus problemas econômicos internos que os excedentes exteriores permitiram conservar adormecidos: uma demanda de consumo monótona, uma demografia catastrófica e uma dívida exterior elevada, mesmo se os expedientes consistindo em dissimular as despesas do plano de relance e de salvamento dos bancos de 2008 através de uma conta especial continuaram a dar aparência de virtude orçamentária.

Porém, é extremamente difícil fazer avançar essa argumentação nos meios oficiais alemães e junto à maioria dos acadêmicos.

5 Zona do Euro

Segue-se que, hoje, os oficiais alemães têm uma leitura moralizadora da crise. Eles certamente reconhecem que a Zona do Euro é de uma importância crucial, mas insistem sobre o fato de que não é possível mantê-la a qualquer preço. Trata-se de fazer pagar, e fazer pagar caro, os países cuja <<irresponsabilidade>> conduziu a Zona do Euro a essa situação; de onde a exortação aos governos dos países em déficit de empreender <<reformas>> para seguir a via alemã. Pouco importa a fraqueza da viabilidade econômica, a exortação é moral. Os países que mais gastam devem se emendar e tornarem-se virtuosos. Isso conduz a uma retórica vazia sobre o futuro da união. Ângela Merkel insiste que é preciso avançar em direção de uma Europa mais integrada, mas ela é hostil a todas as ideias para que isso aconteça: não aos *eurobonds* e ao papel mais ativo do BCE para acalmar o pânico dos mercados. Isso conduziu à demissão de Axel Weber e Jürgen Stark do Banco Central Europeu, indignados que o BCE tenha ousado comprar os títulos dos países em dificuldade porque os mercados de capital não os querem mais. Foi suficiente para fazer a amálgama nas mídias: as compras de títulos pelo BCE seriam similares à impressão de dinheiro do Reichsbank no decorrer do verão de 1923. Os conservadores alemães se apoiam sobre o tratado que proíbe o financiamento monetário dos Estados para rejeitar como hipócrita a argumentação segundo a qual uma compra de títulos aos bancos sobre o mercado secundário não seria um financiamento monetário, já que a criação monetária inteveio quando os bancos comerciais tinham comprado os títulos em primeira instância. A intervenção do Banco Central apenas substituiu sua própria moeda pela moeda dos bancos. Isso se vê nos agregados monetários: a base monetária (quantidade de moeda ao passivo do Banco Central) aumenta, enquanto a massa monetária (a quantidade total de moeda na economia europeia) diminui.

Não se pode compreender essa posição política singular sobre a cena europeia sem fazer alusão à política interior, que é moldada na Lei fundamental alemã. O jurídico é hipertrofiado na concepção alemã do ordoliberalismo, mesmo a Constituição alemã foi concebida para resguardar o país dos demônios do Estado absolutista após o pesadelo do nazismo. A Alemanha está sempre habitada de seus fantasmas: a hiperinflação de 1923 e o movimento de massa a partir de 1933. É por isso que o ordoliberalismo é sobrecarregado de regras. Poderia-se acreditar que a desconfiança com respeito a políticas discricionárias aproxima a filosofia alemã do ultraliberalismo anglo-saxão colocado no poder por Ronald Reagan e Margaret Thatcher. Mas é uma ilusão. A Alemanha desconfia dos mercados. Estes devem ser mantidos sob o controle de regras estritas. Se os mercados derraparam foi porque eles não tinham regras suficientes para conter seus transbordamentos. Por um lado, a Corte constitucional de Karlsruhe é mais do que a garantia da Constituição. Ela exerce uma tutela sobre a ação política. Submetida a potentes forças restritivas em seu próprio partido e em seus parceiros liberais na coalizão governamental, banhada na hostilidade da opinião pública para toda ajuda aos países em dificuldade e sob a vigilância da Corte de Karlsruhe, a chancelaria alemã pode apenas avançar a pequenos passos, mesmo que ela seja mais pragmática que ideológica. Na concepção alemã de ação política, o pior é improvisar na crise. Não se pode agir se não tiver previamente um quadro jurídico sólido no qual pode-se inscrever um procedimento de crise. Mas quando o tratado contendo a criação do euro foi promulgado e os estatutos do BCE incorporados no tratado, supunha-se implicitamente que não haveria crise. Isso explica o balançar hesitante continuo do governo alemão sobre a conduta a ser mantida diante dos mercados amedrontados. A cada etapa da crise, as decisões que acabavam de ser tomadas já estavam ultrapassadas pela dinâmica da crise.

 Zona do Euro

Essa obsessão sobre as regras que deve respeitar a ação pública leva a reduzir a responsabilidade do setor privado na crise. Porém, foi mostrado anteriormente que essa responsabilidade é esmagadora e se reflete no substrato de seu endividamento. E sobre esse ponto a doutrina alemã a respeito da participação dos bancos no salvamento da Grécia não são privadas de ambiguidades; merece que se demore um pouco sobre ela.

Angela Merkel tem dito e repetido, é preciso fazer os bancos pagar. É uma posição legítima, e que se refere a uma desconfiança histórica dos alemães frente à inovação financeira ao modo anglo-saxão. O capitalismo do Reno tem suas particularidades, e ele nunca foi associado a uma crença em mercados perfeitos e eficientes. Ele é certamente marcado por uma forma de liberalismo, mas, como foi explicado acima, no sentido de desconfiança para com a arbitrariedade do poder do Estado. Um desafio essencial é então o de criar instituições que evitem todo poder arbitrário. O respeito às regras deve prevalecer sobre a autorregulação dos mercados. Sobre esse ponto não falta pertinência ao argumento, o que a crise colocou às claras. Com efeito, a finança não é uma atividade como as outras, pois os bancos são híbridos. Estes são empresas privadas que visam lucros e também entidades de carater público porque gerenciam o sistema de pagamentos que é um bem público por excelência. Segue-se que os bancos beneficiam-se de uma situação especial com respeito à falência que é a ameaça pela qual opera a disciplina do mercado. Quando as entidades privadas de um setor, no presente caso, os bancos, são imunizadas contra a falência pelo seu papel público, elas exploram a situação como empresas privadas. Segue-se que, na falta de regras estritas, o Estado torna-se refém do lobby bancário. Encontra-se exatamente na situação que o ordoliberalismo quer eliminar: um poder arbitrário privado se ergue contra a sociedade.

O modelo bancário alemão mantido por regras funcionou notavelmente até a crise de 2002-2003, quando os bancos, em dificuldade, tiveram que vender ativos que foram comprados pelos fundos especulativos anglo-saxões. Ao que foram juntadas as pressões da Comissão Europeia para forçar os alemães a elevar as garantias do Länder sobre os *Landenbanken*. O sistema bancário alemão então se precipitou em operações aventureiras nos Estados Unidos, na Espanha e em outros lugares para manter seus lucros. Os bancos alemães mostraram-se particularmente ávidos de ativos tóxicos no estrangeiro... Mas, paralelamente, os bancos regionais mantiveram um laço essencial de tecidos da PME que está na base da prosperidade alemã. O governo alemão, então, está preso entre sua vontade de colocar ordem nas finanças, levando os bancos a pagar pelos excessos dos quais foram tomadores, e sua preocupação de não enfraquecer seus próprios bancos. Após 2008, ele preferiu solidificar a situação mais do que criar *bad banks* (organismos financeiros públicos que retiram os ativos duvidosos dos bancos e os transformam em títulos de longo prazo para absorver as perdas progressivamente). Ele então suspendeu as regras do *fair value* (valorização dos ativos a preço de mercado ou a preços simulando o funcionamento de um mercado), a fim de permitir a seus bancos absorver com o tempo as perdas dissimuladas que deveriam remontar em seus balanços.

Desde o verão de 2011, a situação financeira dos bancos da Zona do Euro se deteriorou rapidamente com o agravamento da crise das dívidas públicas. De um teste de estresse ao seguinte conduzido pela EBA, a nova agência europeia de supervisão dos bancos, a falta de fundos próprios dos bancos da Zona do Euro apenas se agrava. O último teste conduzido pela EBA no início de dezembro (N.E.: de 2011) resultou numa falta de fundos próprios de 115 bilhões de euros. Após os países mais afetados pela crise financeira, cujos

 Zona do Euro

bancos estão em péssima posição, seja a Grécia (30 bilhões de fundos próprios a encontrar), a Espanha (26,2 bilhões) e a Itália (15,4 bilhões), vem a Alemanha com 13,1 bilhões de falta de capital, bem antes da França (7,3 bilhões). Vê-se aí uma péssima administração financeira do sistema bancário alemão, permitido pelo incrível laxismo dos poderes públicos que não condiz com a publicidade de protótipo de virtude ostentado pelo *establishment* alemão.

O caso do Commerzbank, segundo banco do país, é emblemático. É também aquele do *Landesbanken* que deveria ter sido consolidado há muito tempo. Todos esses bancos estão carregados de ativos tóxicos provenientes da crise americana dos créditos imobiliários, ditos *subprime*. O Commerzbank já se beneficiou de uma injeção de 18 bilhões de euros do dinheiro público em 2008 (o governo federal detém um quarto do capital), sem até agora estar compelido a limpar seu balanço. A baixa do valor dos créditos na Zona do Euro veio sobre um terreno já minado.

Se o governo Alemão se junta ao governo francês para insistir sobre a recusa de engajar uma nova parcela de dinheiro público devido ao rigor orçamentário, mas também o de nada impor aos bancos, a saída é clara. Para atingir o capital necessário em 30 de junho de 2012, os bancos vão tentar vender todos os ativos que podem deprimir ainda mais os mercados financeiros. Eles vão restringir sobretudo a distribuição de novos créditos. A recessão do primeiro semestre de 2012 poderá ser mais profunda que antecipada atualmente e a recuperação esperada no segundo semestre não estaria a altura do esperado. Tudo isso por causa do poder que os bancos exercem sobre os poderes públicos nos dois países.

A posição alemã sobre os bancos não é tão clara quanto parece. Mas os responsáveis políticos alemães salientam que nos países europeus os bancos utilizaram planos de recuperação para comprar ativos públicos com margens muito grandes; eles possuem assim meios de se recapitalizar. É esquecer que o laxismo da regulação fez com que os bancos não tenham modificado de forma alguma seus comportamentos. Esses ganhos supostamente sem risco foram amplamente dilapidados nos erros habituais: distribuição de dividendos caros e de bônus extravagantes em plena crise, continuação da prática de salários indecentes e de *stock-options* dos dirigentes.

Os governos e os alemães de modo especial mantêm-se assim em uma linha de análise da crise bancária como uma crise de liquidez no estrangeiro, com a qual se pode superar a crise sem mudar radicalmente as regras do jogo. No domínio financeiro é a dramática subestimação da gravidade dos eventos que conduziu à crise financeira. É a recusa de ver que o sistema financeiro, hipertrofiado, que saiu da crise de 2008 como ele entrou, deve ser radicalmente transformado para que as economias reencontrem a via de crescimento.

Essa análise errônea desconhece a dimensão sistemática da crise e conduz à famosa política dos <<pequenos passos>>, com a qual se ataca as dificuldades na medida em que elas aparecem, reduzindo-as a crises de liquidez temporária, causadas por agentes que se pode punir, já que eles não são insolventes: eles podem fazer esforços! Mas os bancos continuam intocáveis.

Tal é em todo caso a leitura que prevalece desde maio de 2010, primeiro para a Grécia e agora para os outros países da Zona do Euro. E esta leitura tem como corolário soluções que se repetem, ou seja, parcelas de austeridade sucessivas.

É preciso salientar que as autoridades alemãs não estão só sobre tal posição. Elas encontram na Comissão Europeia uma correspondência, já que esta compartilha de sua linha de análise. As soluções associadas a essa leitura são incrementais, homeopáticas, e elas não produzem outro efeito além do de

 ## Zona do Euro

acrescentar camadas de dívida na medida em que se <<ajuda>> os países em dificuldade. O que ocorre, mas parece não inquietar também os promotores dessa visão, é o empobrecimento inquietante da população grega e cada vez mais da população europeia.

A Alemanha, como foi dito, defende obstinadamente a independência do BCE e se recusa, por outro lado, a exercer o papel dos líderes benevolentes. A visão a longo prazo que resulta dessa posição, é que todo o mundo deve encontrar sua competitividade como os alemães o fizeram, ou seja, aceitando um rebaixamento dos salários reais. De maneira geral, todo mundo na Europa deve ser como os alemães.

Porém isso não tem sentido econômico. Apoiando-se sobre as exportações e não sobre a demanda interior, a Alemanha escolheu um sistema coerente com sua demografia. Os Países como a Espanha, a Grécia ou Portugal não possuem as mesmas necessidades. Eles têm desafios fortes em termos de desenvolvimento e de nível de vida. Esses países não estão errados em acusar a Alemanha de ter desencorajado sua demanda interior procedendo a um tipo de *dumping* salarial.

De modo mais geral, não se destaca da atitude alemã nenhuma visão de um novo crescimento sustentável para a Europa. A questão é, portanto, dupla. Há primeiramente na Alemanha a ausência de uma política compatível com o conjunto da Zona do Euro. E, mais amplamente, pode-se considerar que nada é possível sem repensar a governança da Zona do Euro a fim de considerar esta como um todo. Será necessário sair dos pequenos passos e ponderar um acordo global onde cada um abandone uma parte de soberania para colocá-la em comum. Isso supõe modificar profundamente a forma na qual a Zona do Euro progrediu até o momento atual, e colocar claramente a questão do federalismo. Como se verá agora, as decisões sucessivas tomadas até então, aí incluíndo o acordo de 9 de dezembro de 2011 visando construir uma união orçamentária ao modo alemão, estão longe de responderem ao problema.

 5 Zona do Euro

Resumo

Após a reunificação, a Alemanha tornou-se dominante na Europa sobre o plano econômico. O compromisso franco-alemão que fundou o euro foi concebido para que essa nova relação de forças políticas atuasse no sentido de reforçar a construção europeia. Todavia, as sequelas econômicas da integração interalemã não facilitaram a posição da Alemanha na Zona do Euro no início dos anos 2000. Obcecado pela prioridade de recuperar a competitividade perdida, o governo alemão não estava disposto a exercer uma liderança no sentido de levar em consideração os interesses dos outros países. Essa política participou amplamente na polarização da Zona do Euro quanto a evolução das competitividades. As elites políticas alemãs têm uma visão assimétrica em relação às falhas dessas disparidades: cabe aos outros países seguir o caminho alemão fazendo os sacrifícios necessários, ou seja, os rebaixamentos drásticos de salários e de auxílio social. A crise será resolvida se a Zona do Euro se tornar uma grande Alemanha.

Essa atitude é um contrassenso econômico e pode apenas exacerbar as divergências políticas. A Alemanha concretiza mais da metade de seus excedentes comerciais, que são os instrumentos de sua regulação de emprego, sobre seus parceiros. Se toda a Europa conseguisse se tornar como a Alemanha, a zona do euro seria um gigantesco polo de exportação para o resto do mundo. A demanda para absorver seus excedentes evidentemente não existe, até porque os desequilíbrios globais foram acusados de ser ao menos uma condição permissiva da crise financeira. Segue-se que a visão assimétrica das responsabilidades que a Alemanha lança sobre os outros pode

levar a Zona do Euro apenas ao marasmo prolongado e talvez à deflação.

Além da questão das responsabilidades na crise, há na filosofia política alemã uma grande dificuldade em considerar as mudanças no quadro político europeu que são necessárias para superar a crise. O ordoliberalismo que modelou as instituições alemãs após a guerra exagerou no respeito às regras e enquadra de maneira estreita a ação política. Segue-se a estrema resistência do governo alemão em não tomar iniciativas de outra forma a não ser por pequenos passos que, mal eles são feitos, são tomados como falhas pela dinâmica dos mercados. Tal atitude política não está à altura dos desafios da crise.

6

$\mathcal{Q}$uais são as vias e os meios de uma resolução radical da crise? As propostas de reforma dos governantes europeus reunidos no pacto para o euro e no novo acordo para uma união orçamentária estão à altura da questão?

Uma resolução radical da crise, supõe antes reconhecer que a Grécia é insolvente, e daí tirar as consequências – principalmente se tratando das perdas sofridas por seus credores. No plano de 27 de outubro de 2011, a quesão é que os credores privados aceitem uma desvalorização <<voluntária>> (aprecia-se o humor contido nesse adjetivo) de 50% de seus créditos sobre a Grécia. É um passo adiante já que eis enfim, dezoito meses após o primeiro plano de ajuda à Grécia, há o reconhecimento que este país não poderá <<pagar suas dívidas>>, ou seja, não poderá renová-las em tempo de maneira a poder honrar seus prazos.

Exige-se, por conseguinte, administrar o impacto dessa situação sobre a dinâmica dos mercados – impacto já perceptível – e evitar o contágio. Isso implica uma transformação, *de facto* se é inaceitável *de jure*, do papel do Banco Central Europeu, o qual deve agir como credor em última instância. Tais são as ações de urgência. Em seguida, é preciso implementar uma transformação profunda da governança política na Europa, cessando a discussão de uma Cúpula europeia a outra como tem sido feito há dez anos.

No que diz respeito à ação do BCE sobre os mercados de títulos públicos, mergulha-se em plena hipocrisia. Certamente, o BCE intervém sobre os mercados de títulos das dívidas públicas dos países, sufocado pelo "salve-se quem puder" dos detentores privados desses títulos que querem se livrar deles. Já que os bancos estão saturados de títulos do Estado, isso é indispensável para manter a liquidez bancária. A tática, por conseguinte, é: *um poco ma non troppo*. O BCE o faz com um máximo de remorso expresso pelas contorções verbais de seus sucessivos presidentes, Jean-Claude Trichet posteriormente Mario Draghi. Eles exprimem o medo de que tocar o fruto proibido da finança soberana implica a queda do paraíso da independência. Pois esse tipo de intervenção, fortemente discutido, não figura verdadeiramente no estatuto do BCE. É por isso que os aiatolás alemães da pureza monetária, Axel Weber e Jürgen Stark, demitiram-se com perdas e estrondo. Todavia, uma modificação do tratado não é necessária para sair da bricolagem e enviar um sinal claro aos operadores de mercado.

Compreendamos bem o que está em jogo. Os mercados de títulos públicos são o pivô dos sistemas financeiros contemporâneos. Não se pode querer uma globalização financeira e conservar uma visão acanhada do credor em última instância com a preocupação única das relações interbancárias. Pois, a crise financeira de 2007-2008 mostrou com clareza, que o risco sistêmico se encontra nos mercados financeiros. Porém, a curva das taxas de juros dos títulos públicos (a série de taxas de juros repartidas aos títulos de Estado de diferentes durações) é o *benchmark* para a avaliação dos rendimentos de todos os ativos financeiros. Se ela se deforma totalmente sob o efeito de comportamentos coletivos de estresse que atinge os intervenientes nos mercados secundários e que fazem explodir as taxas de juros sobre os vencimentos a longo prazo, os bancos são fragilizados por diversos canais: desvalorização de seus ativos levando a uma subcapitalização, aumento do custo de seu financiamento provocando uma falta de liquidez, degradação de sua nota e recusa de suas contrapartidas (outros bancos em outros países) de lhe emprestar; portanto, restrições de créditos e, se a crise de liquidez toma uma posição acentuada, paralisa completamente as economias envolvidas com repercussões sobre os outros países que inicialmente parecem robustos.

Saiamos então da linguagem rígida dos banqueiros centrais e falemos claramente. É responsabilidade dos bancos centrais garantir a estabilidade financeira. Eles foram criados historicamente para isso. Dado que as dívidas públicas são os pivôs da estabilidade financeira, é evidente que os bancos centrais devem ser os credores em última instância dos mercados de dívidas públicas para assumir seu mandato com respeito à estabilidade financeira. Aliás, o fato de ter falhado nessa tarefa na fase de euforia financeira, quando o crédito explodia nos anos 2004-2007, por meio dos circuitos do *shadow banking*, confere aos bancos centrais uma responsabilidade na maturação da crise. É uma doutrina monetária errônea, segundo a qual realizando a estabilidade dos preços dos bens alcança-se *ipso facto* a estabilidade financeira, que está na origem desse grande erro. O BCE deve então modificar sua doutrina monetária, muito estreita para cumprir sua missão. Isso não implica modificar seus estatutos.

O contágio ganhou os mercados de todas as dívidas públicas no quarto trimestre de 2011 com o apoio das agências de notação preocupadas em rebaixar ou colocar <<sob vigilância negativa>> os Estados da Zona do Euro. A desconfiança dos agentes de mercado tornou-se tal que, em novembro, mesmo o Bund alemão teve problemas em encontrar comprador. A perda de confiança atingiu o ponto onde é o desmantelamento da Zona do Euro que é agora uma eventualidade inscrita na baixa dos preços de quase todas as dívidas públicas. Além disso, essa atmosfera deletéria não é sem consequência sobre a conjuntura econômica. No quarto trimestre de 2011, os países da Zona do Euro resvalavam irremediavelmente em recessão. A Comissão Europeia já baixou suas previsões de crescimento para 2012 de 1,7% no meio do ano de 2011 a 0,5% no outono; o que implica uma curta recessão até a primavera seguida de uma retomada fraca. Mas essa hipótese é otimista, pois, supõe que os bancos mantenham os fluxos de crédito atuais, enquanto todos os países adotam restrições orçamentárias mais ou menos drásticas e que o pessimismo dos consumidores só tende a se agravar. Nessa conjuntura, a situação da Grécia vai continuar a piorar e o cenário de saída do euro que descrevemos anteriormente se tornará mais provável. Ele desencadeará uma fuga generalizada ao encontro dos ativos financeiros dos países da Zona do Euro, e mesmo a Alemanha poderia não mais exercer o papel de refúgio.

É responsabilidade do BCE antecipar esses eventos para preveni-los. Isso significa, em princípio, fazer como todos os outros bancos centrais dos países desenvolvidos: colocar o mais rápido possível sua taxa de juros diretora a zero e declarar que ela será mantida enquanto as taxas de longo prazo não forem baixadas a níveis onde as políticas de consolidação orçamentária empreendidas pelos Estados se tornem úteis para colocar as dívidas sobre trajetórias sustentáveis. Em seguida, empreender uma política de expansão massiva de liquidez (*Quantitative Easing*) para colocar um teto sobre as taxas de juros a longo prazo e incitar os bancos a fazer créditos novos. Trata-se da política monetária mais apropriada nas circunstâncias extraordinárias que vivemos. É uma intervenção em última instância para recolocar ordem nos mercados sem o dizer. Lembremos insistentemente que o perigo de uma inflação descontrolada seguida de uma injeção maciça de liquidez pelo Banco Central constitui-se em uma fantasia. É, pelo contrário, a deflação dos preços de ativos (todo mundo pode observar a queda dos mercados bolsistas) e o risco da deflação dos preços de bens que é preciso deter. Os Estados Unidos, o Reino Unido e o Japão, que possuem dívidas públicas tão elevadas quanto a Zona do Euro em proporção a seu PIB (mesmo muito mais elevada para o Japão), pagam taxas de juros muito baixas, pois, todos estão certos de que o Banco Central sustentará os Estados em caso de início de retirada massiva dos investidores.

Se a falência grega for assumida e se o BCE parar o contágio ao restante da Zona do Euro, isolando *de facto* a situação da Grécia, pode-se conjecturar resolver a crise através de uma ação coordenada dos Estados. Mas, antes de enunciar os eixos de uma política que levaria a uma transformação profunda da governança na Europa, e comparar esta marcha em direção ao federalismo econômico à união orçamentária imposta pela Alemanha, é preciso basear-se no ensinamento de exemplos históricos onde as dívidas muito elevadas surgiram por causa de guerras ou de crises financeiras.

Mediante a um problema grave de sustentabilidade das finanças públicas, pode-se encontrar quatro modos de consolidação orçamentária de grande amplitude.

A primeira é a hiperinflação. O exemplo mais célebre é a Alemanha de 1923. A principal <<virtude>> dessa solução é aniquilar a dívida interna, pois os valores das dívidas expressas na moeda nacional caem a zero quando a inflação tende ao infinito. Feito isso, faz-se desaparecer os créditos sobre o Estado formulados em moeda nacional. Não é mais a eutanásia dos acionistas, é seu massacre! Como os alemães lembram sem cessar, o traumatismo social foi catastrófico. O vínculo social estabelecido pelo meio monetário estando rompido é preciso reestruturar uma ordem monetária criando um novo instituto de emissão cujo capital seja fundado sobre ativos reais. Na Alemanha, país que tinha uma dívida externa esmagadora em dólares, legado funesto do tratado de Versailles, essa situação forçou a renegociar a dívida externa (plano Dewes de 1924) e conjuntamente a capitalizar o novo Banco Central, o Rentenbank com empréstimos em dólares. Ainda hoje isso mantém uma lembrança traumatizante para os alemães, alimentando em grande parte sua obsessão contra a inflação.

O segundo modo de consolidação é a destruição de capital. O exemplo maior, aqui, é certamente a Grande Depressão dos anos de 1930, com um encadeamento de falências bancárias que provocam um desfalecimento econômico, paralisando as empresas dos setores não financeiros e inflando enormemente o desemprego. É uma forma particularmente brutal de se livrar das dívidas e o ciclo destrutivo de capital se perpetua até a recuperação pela base, isto é, até que a produção de bens de primeira necessidade esteja ela mesma em perigo. De fato, não sabemos qual é o piso <<econômico>> pois a desordem social é tal que ele provoca uma mudança política radical. No momento da crise de 1929, foi necessário esperar 1933, após uma baixa acumulada de 30% do PIB americano, para ver a chegada ao poder de Franklin D. Roosevelt que buscou com toda urgência recolocar os bancos em estado de funcionamento, após desvalorizar, e enfim dar início a uma política de investimentos públicos de grande amplitude. Infelizmente, na Alemanha a mudança política não foi da mesma natureza, mas o efeito sobre a economia foi também espetacular. O partido nazista chegou ao poder em janeiro de 1933 e iniciou imediatamente a estatização do sistema bancário, buscam ordenar um controle drástico de capital e de repudiar a dívida externa. Enfim, ele se lançou em um programa de rearmamento massivo e de desenvolvimento industrial para sustentar uma economia de autarquia. A conjuntura econômica se inverteu quase instantaneamente, o emprego aumentou juntamente com a produção industrial nas usinas reativadas e o desemprego desapareceu rapidamente.

O terceiro modo de consolidação é a estagnação à japonesa, um exemplo menos conhecido do grande público, mas que perdura há vinte anos e que os economistas tiveram toda oportunidade de estudar. O autor que mais ajudou a compreender a deflação japonesa causada pelo desendividamento do setor privado, contrariado por políticas econômicas inapropriadas, é Richard Koo, economista em Nomura. De encontro com a análise de Bem Bernanke, que diagnosticava uma falta de liquidez no sistema bancário japonês e preconizava uma injeção massiva de liquidez pelo Banco Central, Richard Koo colocava o acento sobre os comportamentos de credores fragilizados pela baixa de preços dos ativos. Tudo se passa, ele observa, como se as empresas tivessem modificado sua função de utilidade ao invés de buscar maximizar seus ganhos e minimizar suas dívidas. Segue-se que as receitas de política contra-cíclicas empregadas com sucesso em uma recessão ordinária não funcionam mais. Se injetar liquidez, será colocada em reserva pelos agentes econômicos. Os bancos acumularão reservas excedentes ao invés de de fazer crédito. As famílias e as empresas não gastarão a mais, pois o constrangimento está no balanço e não na penúria da moeda. A armadilha da liquidez, que absorve a moeda nova injetada pelo Banco Central, é apenas a consequência do comportamento dos agentes econômicos privados que querem reduzir o peso do endividamento em seus balanços. Esse comportamento desloca o vínculo habitual entre a moeda e a despesa. Sem uma contraforça potente, criando uma fonte de demanda exterior no setor privado, que pode ser uma despesa de investimentos públicos ou uma demanda externa ao país, o marasmo se autoconserva. De fato, o crescimento das receitas do setor privado não é nunca suficientemente importante para que os agentes econômicos consigam reduzir a dívida até o nível que eles desejam; o que os conduz sempre a se contentar com uma despesa limitada mínima.

A Europa, de certo modo, toma o caminho. Todavia é preciso saber que será difícil seguir essa via por muito tempo, pois, ela requer condições particulares. É preciso, certamente, um Estado legítimo e uma nação capaz de se adaptar à situação econômica morosa. É preciso, sobretudo, um Banco Central que aplique em permanente, e durante um longo período, uma política de taxa de juros igual a zero. Isso exige, certamente, da parte do governo japonês uma política de ajuste orçamentário permanente, para manter a economia sobre um crescimento baixo evitando entrar em uma espiral deflacionária. É preciso igualmente, para que isso funcione, uma forte demanda externa produzida pela China, e grandes empresas possuindo a força industrial para satisfazer essa demanda. Se a dívida japonesa, que representa em torno de 220% do PIB, se mantém sustentável, é também porque 95% da dívida pública é detida pelos residentes. Trata-se de uma poupança cativa, de certa maneira, no caso de uma nacionalização de fato da dívida pública. As aplicações da poupança líquida das famílias japonesas são estruturadas por razões de segurança em torno do sistema postal que as investe automaticamente nos títulos públicos. Uma parte importante da poupança é colocada nos contratos de longo prazo, geridos pelos investidores institucionais que são obrigados por seu estatuto a comprar os títulos da dívida pública. O estado japonês não tem nenhum problema para colocar seus títulos e empréstimos a uma taxa muito baixa. A carga da dívida é assim mantida em um nível sustentável, e as receitas fiscais são suficientes para financiá-la.

O modelo japonês é interessante para um país em estado de envelhecimento que entrou primeiro na era pós--consumista. Mas é evidente, tendo em vista esses elementos,

6 Zona do Euro

que será totalmente inaplicável na Europa. A Zona do Euro é, como sabemos, heterogênea, com uma polarização deficiente da competitividade. As dívidas públicas aí são largamente detidas por não-residentes e a impotência dos governos deixou as taxas de juros divergir para além de toda racionalidade. Enfim e sobretudo, o caminho burocrático que tomou o funcionamento das instituições europeias distanciou os cidadãos dos países membros do projeto de construção da Europa. Não existe nenhum sentimento de pertença a uma entidade política europeia. O episódio escandaloso da tentativa abortada de referendo na Grécia sob o *diktat* (imposição) da interdição franco-alemã desferiu um golpe fatal à ideia de pertença europeia a esse país. Certamente não é a chegada ao poder, na Grécia e na Itália, de tecnocratas não eleitos, que vai reavivar a chama.

É preciso, portanto, considerar com atenção a quarta via, que é a do crescimento. O modelo histórico, aqui, é a forma com a qual, após 1945, a Grã Bretanha e os Estados Unidos administraram e consolidaram sua enorme dívida de guerra. Para os britânicos, esta representava 260% do PIB, para os norte americanos em torno de 120%. Foi essencialmente uma política de crescimento econômico que lhes permitiu reabsorver tal endividamento.

É preciso compreender, e é um primeiro elemento, que a consolidação desse tipo de dívida é um processo de longa duração. Os americanos atingiram o ponto da *ratio (razão)* dívida/PIB em 1965, antes que a guerra do Vietnam não a fizesse aumentar. É o custo da hegemonia não benevolente. No Reino Unido, a situação do pós guerra era muito mais complicada. Foi necessário um acordo com os países da zona *sterling* para que eles aceitassem congelar seus créditos sobre o Reino Unido (os famosos balanços *sterling*) além de um controle de câmbio rigoroso até meados dos anos 1950. Mas as políticas macroeconômicas tiveram similaridades nos dois países.

O ponto essencial é um resultado teórico: não existe nível ótimo de dívida pública. Dizer que é preciso objetivar 60% e que tudo que está acima seja suspeito, é absurdo. É, infelizmente, um valor mítico que parece enraizado nas cabeças dos dirigentes políticos e dos burocratas europeus. A sustentabilidade da dívida é uma trajetória que a longo prazo, já que o Estado é postulado imortal, é tal que os fluxos de pagamento resultante do serviço do *stock* de dívidas (pagamentos de juros e reembolsos de parcelas vencidas) sejam cobertos pelas receitas fiscais e por novas emissões de dívidas. Os modelos que descrevem essa dinâmica mostram que existe uma infinidade de trajetórias sustentáveis possíveis. Uma trajetória de dívida pública depende essencialmente da combinação de quatro variáveis: a capacidade em aumentar os impostos (que se mede pela taxa efetiva suportável de imposto em porcentagem do PIB), a aptidão de mudar de política fiscal (que se mede pela velocidade de ajuste da pressão fiscal atual àquela que é pretendida para estabilizar a dívida), a taxa de juros real média sobre o montante da dívida pública (que depende da estrutura da dívida por vencimentos e das taxas de juros aplicadas aos diferentes componentes, os quais são eles mesmos funções de taxas fixas e variáveis) e a taxa de crescimento da economia. Se a taxa de juros real é negativa, o valor real da dívida cai e se liquida automaticamente. Se a taxa real de juros é positiva mas inferior à taxa de crescimento da economia, as receitas fiscais criadas pelo crescimento são superiores aos pagamentos de juros. A dívida é sustentável mesmo se o Estado aceite um déficit primário razoável para financiar suas despesas de investimento. Se a taxa de interesse real é superior à taxa de crescimento, a situação é mais difícil. É necessário um excedente primário no futuro, por conseguinte uma capacidade suficiente para aumentar os impostos para cobrir o pagamento dos juros e gerir o montante da dívida de maneira a mantê-la sustentável.

6 Zona do Euro

Quais consequências tirar desses poucos resultados teóricos para conceber uma estratégia pertinente de gestão de finanças públicas quando se submete um surgimento de dívida devido a uma crise financeira? Em princípio, não entrar em pânico, e fazer com que os mercados compreendam o problema. Seria evidentemente uma ajuda ter agências de notações inteligentes, que compreendem o que quer dizer uma dívida sustentável e, portanto, que julguem a capacidade dos Estados em programar trajetórias de longo prazo e não o que vai acontecer nos próximos meses. Mas esse não é o caso, e é evidente que as agências de notação somam-se grandemente à dificuldade da situação enquanto os governos tolerarem esse estado de fato. Explicaremos porque é assim, consagrada à reforma da regulação financeira.

É preciso, antes de tudo, que os Estados sejam capazes de apresentar e tornar credíveis as trajetórias de finanças públicas e de dívidas a médio e longo prazo segundo diferentes cenários estruturais pelas variáveis que eles não controlam, mas que eles podem influenciar, isto é, a taxa de juros real e a taxa de crescimento. É necessário definir procedimentos de criação das leis de finanças que rompem com a famosa anualização do procedimento orçamentário. É preciso engajar-se sobre uma programação a médio prazo, que possa ser revisada em função das mudanças significativas para a tendência do crescimento e o nível da taxa de juros, justificável no quadro de cenários retidos para ser compreendidos pelo mercado, de forma a manter as finanças públicas sobre uma tendência sustentável. É preciso também conceber políticas macroeconômicas que ampliem o espectro das trajetórias sustentáveis comandando da melhor forma o crescimento das taxas de juros; o que implica evidentemente em um diálogo entre o Banco Central e o Estado, na Zona do Euro, os Estados.

Foi o que os americanos e os britânicos fizeram após a Segunda Guerra mundial. Nos Estados Unidos, as taxas de juros reais utilizadas pelo Estado federal foram negativas durante um quarto do período 1945-1980. E no caso britânico, durante a metade do tempo! Além disso, a taxa de juros real sobre a dívida foi quase sempre inferior à taxa de crescimento. É verdade que os exemplos britânico e americano datam de um tempo em que os Estados regulavam a finança. Nos Estados Unidos, assim, a independência do Fed foi suspensa até 1951, a política monetária sendo dedicada ao estabelecimento de um teto sobre as taxas de longo prazo. Após essa data, no quadro de sua política monetária mais uma vez autônoma, o FED sempre se preocupou em limitar o aumento das taxas de longo prazo, já que elas são cruciais para o crescimento e que a meta do pleno emprego faz parte seu mandato. A política de crescimento foi, portanto, determinante aos Estados Unidos. Foi primeiro o plano Marshall, cuja questão essencial era a de reanimar o investimento das empresas americanas através do financiamento público da produção dos bens de equipamento exportados para a Europa. A guerra da Coreia foi um segundo fator de dinamismo para a economia americana com efeitos até 1954. Houve em seguida um enfraquecimento sob a segunda presidência Eisenhower, antes que Kennedy juntasse novamente energias para responder ao desafio soviético, depois Johnson com o projeto de Grande Sociedade concomitante à guerra do Vietnam.

Para resumir, esse modelo exige um Banco Central cujo objetivo está ligado à gestão da dívida pública em apoio a uma política orçamentária voltada ao longo prazo e de uma impulsão de crescimento. Poderia-se pensar que estamos a anos luz da atitude de nossos dirigentes europeus que têm na boca apenas o termo <<austeridade>>.

É, de fato, isso que propõe o acordo de 9 de dezembro de 2011 para uma união orçamentária. Esse tratado propõe a adoção de um pacote orçamentário (*fiscal compact*) que pretende estar voltado em direção ao longo prazo, mas é na

6 Zona do Euro

realidade, inteiramente prisioneiro de uma coleira de regras predeterminadas e não contingentes. É o princípio já aplicado pelo pacto de estabilidade que foi um fiasco total. Segundo a lógica própria do ordoliberalismo, as autoridades alemãs fazem o diagnóstico segundo o qual, se o pacto foi mal sucedido, é porque as regras não eram suficientemente restritivas. Vai, portanto, se acrescentar para bloquear os comportamentos desviantes. Fazendo isso, paralisa-se também toda flexibilidade na resposta aos choques econômicos que podem afetar um país, já que a política monetária não pode reagir aos eventos que afetam um país em particular. Somente o impacto médio para o conjunto da Zona do Euro entra em suas prerrogativas. É o calcanhar de Aquiles de uma união monetária com uma moeda externa. É preciso então cada vez mais flexibilidade para o instrumento orçamentário. A única maneira de conciliar a necessidade de flexibilidade e a dissuasão dos desvios sistemáticas se encontra na ação coletiva: programação plurianual dos orçamentos, coerência em nível europeu, incorporação das trajetórias válidas no estabelecimento da lei de finanças anual. É exatamente o contrário do que é proposto pelo pacote orçamentário no acordo de 9 de dezembro.

O pivô é <<a regra de ouro>>. É o pacto de estabilidade cujos efeitos perversos vão sendo sensivelmente agravados. Como o pacto de estabilidade que limitava arbitrariamente os déficits orçamentários a 3% do PIB qualquer que seja a situação econômica do conjunto da Zona do Euro, a regra de ouro limita o déficit estrutural a 0,5% do PIB a cada ano. O déficit dito estrutural é o nível do déficit que se teria caso o ciclo econômico não existisse. É, portanto, o déficit ou excedente orçamentário anual médio que se espera encontrar sobre um ciclo completo. Essa regra de ouro é também limitada a um ciclo econômico ordinário, mas de forma alguma à necessidade que existe de escapar de uma estagnação de tipo japonesa em economias pressionadas pelo desendividamento privado. Ela é, sobretudo, incompatível com a necessidade de se inverter a tendência de longa duração de baixa do crescimento potencial. Isso necessita fortemente de investimentos públicos, como veremos mais a frente.

Porque que o pior se encontra na definição da regra de ouro, o saldo estrutural incorpora todas as despesas, aí compreendidos os investimentos públicos. O equilíbrio orçamentário a ser respeitado (um déficit máximo de 0,5% significa praticamente o equilíbrio) impõe que os investimentos do Estado sejam autofinanciados pelas receitas correntes. É como se interditasse o crédito às empresas e elas fossem forçadas a assumir seus investimentos por autofinanciamento. Poderia-se estar certo com que todo crescimento desapareceria e o capitalismo junto com ele. Pois das duas coisas uma: ou bem os governos que aceitam a regra de ouro consideram que a Europa não conhecerá jamais o crescimento, ou eles consideram que o crescimento é independente do investimento público. Se, de fato, o futuro da Europa é o estado estacionário, as receitas futuras não ultrapassarão às de hoje sob tal condição de pressão fiscal. Os investimentos públicos servirão somente para renovar os bens públicos usados ou degradados. A regra de ouro é então logicamente justificada. Se, pelo contrário, supõe-se prosseguir o crescimento, e se os investimentos públicos são para alguma coisa no crescimento futuro, então a regra de ouro é um puro absurdo. De fato, as receitas de amanhã serão superiores às de hoje, e é antieconômico arcar com investimentos cuja duração de utilização pode ser de muitas décadas pelas receitas atuais. *A regra de ouro tem, portanto, um sentido desde que ela seja definida fora das despesas de investimentos públicos.*

Resta, entretanto, uma última possibilidade que alimenta os sonhos dos detentores da regra de ouro. O anúncio de uma tal regra supõe mudar completamente a atitude de investidores financeiros do mundo todo, de forma que se produza uma forte queda nas taxas de juros. Nesse caso, a diminuição do serviço da dívida seria tal que tornaria possível satisfazer a regra de ouro tendo-se um excedente primário (fora os pagamentos de juros) fortemente diminuído, ou mesmo um déficit primário se a taxa de juro real médio sobre a dívida torne-se inferior à taxa de crescimento. As receitas fiscais liberadas pela redução do custo do serviço da dívida pública poderiam ser novamente atribuídas em investimentos públicos destinados a reativar o crescimento potencial. Um círculo virtuoso poderia então ser desencadeado. Como se verá, tais ajustes são possíveis, mas eles são produzidos em pequenos países que desfrutam de sua autonomia monetária e que conduziram políticas provocando fortes desvalorizações do câmbio de suas moedas.

Voltemos, então, em direção aos exemplos europeus e mais recentes para aí encontrar razões para esperar uma melhor compreensão dos problemas, ou ao menos um modelo de solução. É o caso da Suécia e da Finlândia no início dos anos 1990.

Os dois países conheceram em 1992-1993 uma grave crise financeira, sob o efeito da explosão da bolha imobiliária. Essa crise levou à falência alguns de seus maiores bancos. A resposta dada a essa crise foi, nos dois casos, notável. Ela se sustenta amplamente sobre o fato de que tratava de nações capazes de um forte consenso político, retransmitido por instituições da sociedade civil, suscetíveis em fazer viver esse consenso na vida econômica. Há então uma conquista institucional muito importante, notadamente o hábito de parceiros sociais em firmar negociações ganha-ganha. Essa produtividade das instituições é específica aos países nórdicos, e é forçoso admitir que a Europa está longe. Mas isso nada impede que se possa inspirar no que esses países souberam colocar em prática.

Três eixos definem tal política:

Primeiramente, a vertente macroeconômica foi marcada por uma depreciação do câmbio, que se traduziu imediatamente em um aumento rápido da demanda externa. O sustento da atividade de curto prazo facilitou a realização do consenso político.

A segunda vertente foi uma restruturação consistente e imediata dos bancos: nacionalizações parciais e criação de *bad banks* para alocar os ativos tóxicos. Esse dispositivo permitiu aos bancos colocados em perigo pela explosão da bolha imobiliária de retomar rapidamente a distribuição de crédito, indispensável ao resto da economia. Insistamos sobre o tratamento de saneamento a que foi submetido o setor bancário: em favor da nacionalização, os antigos dirigentes foram dispensados e os acionistas foram prejudicados.

A terceira vertente é uma transformação do sistema produtivo por uma política industrial bem concebida, que permitiu reposicionar a indústria sobre as Tecnologias da Informação e da Comunicação (TIC). O orçamento foi amplamente reestruturado, e um esforço particular foi colocado sobre o investimento público na pesquisa e desenvolvimento e também, na educação superior. Os resultados foram rapidamente espetaculares, mesmo que a Finlândia ainda fosse um país agrário nos anos de 1980, e a Suécia tivesse conhecido na mesma época uma erosão da competitividade por fenômenos idênticos observados na Espanha nos anos 2000: o efeito deletério da desenfreada especulação imobiliária sobre a inflação e sobre a baixa do investimento industrial.

Esses dois exemplos são experiências bem sucedidas que não se conseguiria fazer igual, devido ao tamanho da Europa e ao caráter generalista de sua indústria, que certamente pode ser reorientada, mas que não se saberia especializar como o fizeram esses pequenos países. Da mesma forma, os exemplos americano e britânico são de outra época, no sentido de que a finança de mercado era de tamanho reduzido e que os bancos estavam a serviço da economia nacional, ao invés de formar um sistema internacional predatório. Mas pode-se, no entanto, tirar lições dessas consolidações orçamentárias no e pelo crescimento, e enunciar princípios alternativos dos adotados em 9 de dezembro.

O primeiro é que a governança da Europa deve ser modificada com uma transformação dos tratados, que verá um avanço em direção ao federalismo, e nesse novo quadro uma modificação do mandato dado ao Banco Central: ao objetivo da estabilidade dos preços, deve-se acrescentar a estabilidade financeira e a preocupação do crescimento. Sem ofensas a Jean-Claude Trichet, a ancoragem das antecipações de inflação é também assegurada com uma meta de 3% ao invés de 2%. Mas, em uma situação de buscas de trajetórias sustentáveis para a dívida pública, isso faz uma diferença sensível para a taxa de juros real. Não há, por outro lado, campo para mudar a meta de forma permanente. É suficiente dizer que a trajetória de evolução dos níveis de preço antes da crise será reencontrada e que em seguida a meta de inflação na taxa de 2% será retomada. Mas, bem entendido, o Banco Central deve orientar a inflação pela qual ele pode ser responsável na ocasião de uma volatilidade elevada dos preços de matérias primas, isto é, a inflação subjacente, não a inflação aparente dos preços ao consumo incorporando as flutuações erráticas dos preços agrícolas e da energia cujos movimentos são reversíveis. Aumentar as taxas de juros diante de uma elevação dos preços das matérias primas enquanto a inflação subjacente está abaixo da meta, constitui um grave erro de diagnóstico. O argumento de efeito de segunda ordem, com uma taxa de desemprego de quase 10% e sobre uma tendência de alta numa à economia europeia que escorrega em direção à recessão, é uma piada de mau gosto. A inflação subjacente foi bastante fraca desde a crise financeira, de modo que o nível dos preços é mais baixo do que eles deveriam ser se a economia tivesse progredido segundo seu ritmo potencial. É, portanto, completamente justificável orientar o nível dos preços durante diversos anos para reencontrar a evolução anterior à crise. Por conseguinte, o Banco Central pode retomar sua meta favorita, mas sobre a inflação subjacente.

Um desafio de regulação vem à luz igualmente, com um alargamento das capacidades dos três reguladores europeus. Esses devem ter um poder de injunção sobre os reguladores nacionais. Estes últimos são muito mais próximos dos bancos e têm, sobretudo, como preocupação, fazer a promoção dos campeões nacionais. Um sistema de reguladores europeus com poderes que se impõem aos Estados é indispensável para responder à necessidade de uma política macroprudencial que a crise tornou evidente. Cabe ao Conselho de risco sistêmico, reagrupando os reguladores sob a presidência do BCE, estabelecer os princípios e os instrumentos necessários para conter o risco sistêmicos. A experiência da crise recente mostrou que era a dinâmica do crédito privado que deveria ser controlada estritamente.

O controle das evoluções macroeconômicas da Zona do Euro em seu conjunto supõe um diálogo entre o Banco Central e uma entidade responsável pelo orçamento, como é o caso em todos os outros lugares do mundo. É preciso então criar uma autoridade orçamentária europeia que não seja somente um Conselho de ministros das finanças da Zona do Euro se reunindo esporadicamente. É necessário algo como um Tesouro em nível da Zona do Euro, com meios de investigação e de análise para conceber uma *policy mix*; o que a comissão não sabe fazer ou não tem a autoridade para fazer. Já se progrediu alguns passos nessa direção com a inovação dos "semestres europeus", que deveriam observar os Estados apresentar as programações orçamentárias plurianuais, liberando então o horizonte necessário para definir trajetórias credíveis de dívidas públicas. Essas programações deveriam ser sintetizadas e examinadas pela nova autoridade orçamentária europeia, em ligação com a situação macroeconômica da

6 Zona do Euro

Zona do Euro considerada como um todo. É preciso desenvolver este mecanismo, integrando nele o Parlamento europeu, que deverá formular recomendações sobre os diferentes cenários examinados, e depois o Conselho europeu, que fará as arbitragens, impondo-se sobre os países na alaboração da futura lei de finanças. Tal processo significaria claramente que a soberania orçamentária está agora repartida. Sair-se-ia enfim das regras arbitrárias, inoperantes porque arbitrárias (tipo 3% de déficit do pacto de estabilidade ou, ainda pior, regra de equilíbrio orçamentário constitucional) para entrar no domínio da ação coletiva.

Mas, insistamos ainda, tudo isso pode funcionar apenas se existir uma cooperação que vá além do orçamento, e que abranja também a política com respeito ao resto do mundo (comércio, balança de pagamentos), o euro, a *policy mix* europeia... O desafio que toca bem aos governos é constituir uma governança orçamentária europeia que se ponha em estado de diálogo com o BCE. Essa coerência orçamentária que tanto fez falta desde a criação do euro não é concebível sem um mínimo de harmonização fiscal, o que passará pela supressão das praças *offshore* no seio mesmo da Zona do Euro (Luxemburgo e Irlanda) e a tolerância das evasões de capital (Liechtenstein, Monaco, Suiça), com a finalidade de evitar a mobilidade artificial do capital e a perda de matéria fiscal.

Sobre essa base é possível considerar a criação de um mercado unificado de títulos soberanos dos países da Zona do Euro, o que é chamado *eurobonds*. Tal mercado seria uma vantagem considerável para estimular o crescimento potencial na Europa, como se verá a seguir.

Resumo

A Zona do Euro chegou a uma bifurcação histórica que é uma questão existencial. Sobre a ladeira onde se encontram os governos que demonstraram sua impotência aos mercados, a saída da Grécia é a grande dúvida do BCE para saber se ele pode ou não legitimamente suprimir o contágio que não deixará de acelerar com uma força maior do que a que foi conhecida até então, a saída de outros países e, finalmente, a dissolução da zona. Os efeitos sobre a economia mundial seriam devastadores.

A resolução da crise passa por uma sequência de decisões políticas que implicam uma mudança profunda da filosofia política da Europa há sessenta anos. Trata-se de ir ao término da lógica implicada pela criação do euro. No momento do tratado de Maastricht, os dirigentes políticos recusaram a entender que criando o euro eles mudariam a natureza do projeto europeu. Eles viveram sobre a hipótese de que podia contentar-se com uma moeda incompleta, ou seja, exterior à soberania dos Estados e não legitimada por uma soberania federal. Essa ilusão venceu. Trata-se agora de fazer do euro uma moeda completa, de alcançar a promessa de soberania que lhe foi negada.

O avanço político deve se fazer na urgência e sob o fogo da crise, <<aqui e agora>>. A primeira fase consiste em reconhecer a insolvabilidade da Grécia e bloquear o contágio por um envolvimento sem reserva do BCE em exercer o papel de credor em última instância sobre todos os mercados de dívidas públicas da Zona do Euro para colocar um fim na crise de liquidez de uma vez por todas. Colocando tetos sobre as taxas de juros dos mercados, essas intervenções estabilizarão também as condições de financiamento dos bancos e permitirão a retomada do crédito nos setores privados, uma condição indispensável para evitar a queda em andamento da Zona do Euro na recessão.

A etapa seguinte consiste em determinar uma programação de trajetórias a médio prazo das dívidas públicas capazes de torná-las sustentáveis. Tal etapa implica uma renovação profunda no procedimento orçamentário em cada país, que deve se tornar estratégico, por conseguinte, enxergar longe no futuro. Ela requer também passar da filosofia tradicional da Europa, que consiste em acumular regras inoperantes porque não contingentes aos eventos, à ação coletiva. É aí que intervém a mudança de governo.

A Zona do Euro deve se munir de uma autoridade orçamentária permanente com ferramentas de análise e de supervisão das políticas orçamentárias nacionais no quadro de um procedimento completamente renovado de elaboração dos orçamentos nacionais: pré-programação plurianual no quadro nacional, síntese e exame pela autoridade europeia, transmissão de conclusões sobre a compatibilidade das hipóteses nacionais ao Parlamento europeu, recomendações do Parlamento Europeu e arbitragens do Conselho europeu coercivas para todos os países. Isso leva a uma soberania dividida sobre o orçamento agregado da Zona do Euro; o que permite dialogar com o BCE para elaborar uma policy mix europeia. O Banco Central deve ter uma doutrina monetária renovada levando explicitamente em consideração a estabilidade financeira em seu mandato. Sobre tal base, será possível emitir eurobonds. O conjunto dessas transformações político-institucionais deve estar voltado para o único objetivo a longo prazo que possa parar o declínio da Europa: endireitar o crescimento potencial.

7

Uma dimensão crucial de saída da crise é o aumento do crescimento a longo prazo do conjunto da Zona do Euro. Isso implica investimentos ambiciosos. Trata-se de uma renovação das políticas industriais? Como esses investimentos poderão ser financiados?

A hetereogeneidade da Zona do Euro é grande na perspectiva da competitividade. Desse ponto de vista, as diferenças entre os países do norte e do sul apenas aumentaram depois da criação do euro. Isso não é surpreendente se se contenta em apelar <<ao mercado>>, portanto à concorrência, sem nenhum projeto de conjunto versando sobre a organização territorial das atividades produtivas. É, com efeito, um resultado bem conhecido da economia geográfica que um espaço que se integra tende a aglomerar as atividades mais produtivas nos mesmos polos e a desertificar as regiões que eram inicialmente as menos industrializadas. A unificação financeira da Europa intensificou um processo que já estava irremediavelmente inscrito no descrédito das políticas industriais, inerente à ideologia dita <<liberal>>.

Além disso, a indústria gera rendimentos crescentes pela estreita interação entre oferta e procura. Porque o mercado interno europeu aumentou consideravelmente o tamanho da demanda, ele favoreceu ao máximo às indústrias já

 Zona do Euro

rendimentos dinâmicos de escala: o crescimento da procura aumentou a rentabilidade das indústrias estabelecidas; o que acarretou investimentos no aumento de escala e modernização, os quais desencadearam o progresso de produtividade permitindo o crescimento dos ganhos reais dos quais depende a ascenção endógena da demanda. É lógico que os países do norte da Europa aumentaram sua vantagem inicial sobre os países do sul e provocaram sua desindustrialização.

Mas isso não é tudo. Está na moda hoje evocar uma economia do conhecimento que repousa sobre o capital e sobre atividades imateriais: a concepção inovadora e o desenvolvimento crescente da produção material, o marketing e a distribuição no varejo. Porém essas atividades desmaterializadas possuem custos fixos elevados e custos marginais que decrescem rapidamente com o tamanho da produção material à qual elas estão ligadas. Esses serviços superiores são núcleos de concentração nas megalópoles globais, porque a cooperação do capital humano muito qualificado está na raiz da economia do conhecimento e porque a proximidade dos clientes é necessária para fornecer os serviços complexos e sobre medida. São, portanto, as interações que combinam os rendimentos crescentes devido ao tamanho com a flexibilidade da coordenação na produção e na distribuição de bens e serviços diferenciados. As economias de escala propriamente ditas são assim reforçadas pelo que é chamado de economias de envergadura.

Bem longe de favorecer a dispersão das atividades produtivas, as tecnologias da informação são fatores potentes de concentração. Pois nas atividades de criação e de desenvolvimento do conhecimento, as informações codificadas (que podem ser organizadas à distância) e as informações tácitas (que são inerentes à interação humana direta) são complementares. As primeiras requerem custos fixos muito elevados para uma transmissão à distância eficaz e, portanto, rendimentos crescentes fortes. As segundas revelam a interconectividade social e a proximidade espacial nos centros urbanos onde se concentra a alta tecnologia.

Essas considerações teóricas de economia industrial possuem consequências muito importantes para a repartição das atividades econômicas. Elas indicam que em um espaço integrado onde reinam forças econômicas provocando rendimentos crescentes e externalidades, as vantagens comparativas são endógenas. Elas se acumulam em efeito de trilha. Dito de outra forma, sem uma intervenção voluntariosa do poder público buscada através de uma estratégia de longo prazo e munida de meios financeiros potentes, as regiões ricas tornam-se cada vez mais ricas e as regiões pobres cada vez mais pobres.

É o malogro trágico da ideologia liberal na Europa que resultou no fiasco do que se chamou <<estratégia de Lisboa>> definida em 2000 e que vai provocar um desastre ainda maior com as orientações da combinação de austeridade orçamentária e de <<políticas estruturais>>. Esse vocábulo tecnocrata dos <<experts>> da Comissão do FMI, que colocam sob tutela os países europeus que requerem uma ajuda financeira, se traduz pela baixa dos salários, concorrência, desregulamentação e desmantelamento das proteções. Tudo o que é necessário para acentuar a polarização. Pior ainda, as regras europeias da concorrência interditam as ajudas públicas, impedindo a implementação de políticas industriais.

Além do mais, essa cegueira no que se refere ao erro se produz em uma situação de excessivo endividamento dos países em que o enfraquecimento industrial, devido à década precedente de polarização, tornou financeiramente muito frágil. A crise faz cair o crescimento potencial em toda a Zona do Euro, porém proporcionalmente mais nos países que conheceram endividamento mais elevado. Os países que teriam necessidade de recobrar o crescimento mais elevado são os que entraram em um marasmo de longa duração com as políticas atuais.

7 Zona do Euro

É preciso compreender, com efeito, que o crescimento da Zona do Euro, e de modo geral da União Europeia, desacelera regularmente de década em década desde os anos 1970. Os Estados Unidos estiveram sobre uma média de longo prazo de 3% até a crise, a UE desacelerou continuamente de 4,5 a 1%. Porém a manutenção de um crescimento elevado é essencial caso deseja-se enfrentar o desafio do envelhecimento e as limitações que estão ligadas a ele, notadamente as dotações para as aposentadorias e para a saúde. Nessas condições um crescimento baixo criaria uma espécie de estado quase estacionário ao estilo japonês, mas tornado intolerável pela polarização entre as regiões da Europa, implicando em um empobrecimento do Sul. Isso significaria simplesmente renunciar ao projeto europeu do pós-guerra de criar a zona do mundo mais avançada em progresso social.

É então uma questão importante. Trata-se de romper com o enfraquecimento do potencial econômico. E para isso convém se dar conta de que a crise somente agravou uma tendência que já era sensível. Esse agravamento decorre essencialmente do desendividamento necessário do setor privado que tem um triplo efeito.

Antes de tudo, sobre o emprego, a força de trabalho: um crescimento fraco é equivalente a desemprego estrutural (de longa duração, atingindo uma grande camada da população) e isso degrada a qualidade do capital humano, isto é, as competências e empregabilidade. As capacidades individuais e coletivas encontram-se enfraquecidas.

Segundo efeito, sobre o capital produtivo: a redução das dívidas de longo prazo das empresas produz uma queda dos investimentos, e portanto, da capacidade em incorporar a inovação. A produtividade necessariamente sofre.

O terceiro efeito, enfim, afeta a produtividade total de fatores através do progresso técnico: a redução dos recursos alocados à pesquisa e desenvolvimento faz baixar o ritmo da inovação.

As transformações institucionais descritas na resposta à questão precedente são indispensáveis para salvar a coerência da Zona do Euro da ameaça de dissolução a curto prazo, mas são insuficientes para permitir seu desenvolvimento a longo prazo. É preciso então, por sua vez, incrementar o crescimento potencial do conjunto da Zona do Euro e conceber políticas industriais capazes de se opor às forças centrífugas que tornam uma parte da Zona do Euro não competitiva no espaço de uma moeda única.

Pode-se renunciar a combater a polarização que se produziu e instituir uma união de transferência, como no interior de certos países. O Estado transfere ganhos das zonas ricas que se aproveitaram da polarização das atividades modernas para as zonas desfavorecidas que foram vítimas, solidariedade completamente justificada pela coesão da nação. É uma questão de aceitação do viver junto que até agora não se manifestou em escala europeia. Se a Zona do Euro deve ser o pivô do projeto europeu, uma unificação das políticas orçamentárias é certamente necessária para gerir as derrapagens financeiras, mas também mecanismos de transferência são indispensáveis para que o euro se torne uma moeda completa.

Pode-se, todavia, começar um projeto bem mais ambicioso. Trata-se de conceber uma política industrial que não crie tendências à polarização, por estarem as atividades produtivas por natureza inscritas nos territórios. É a política ambiental de conservação, de adaptação e de reabilitação do capital natural. Tal política engloba por sinal toda a União Europeia. Ela se impõe porque o meio ambiente, em relação com a resposta ao desafio da mudança climática, é o novo domínio de inovação genérica, dos transportes ao habitat, da energia à agricultura. O equilíbrio conjunto da economia e da ecologia, que é o sentido do desenvolvimento durável, reabilita o local transformando por sua vez as maneiras de produzir e de consumir. Essa política mobiliza todos os níveis

de organização dos poderes públicos, das municipalidades às instituições europeias passando pelos Estados e as regiões. Ela utiliza o conjunto dos instrumentos da política industrial, subvenções, regulamentações, preços e financiamento. Ela associa estreitamente o público e o privado. Vai dos projetos estruturantes para a Europa, com as redes de transportes ferroviários e redes inteligentes de distribuição de energia transeuropeia, ao espaço urbano com a redução da taxa de carbono no ambiente acoplada com energias renováveis decentralizadas e ao rural com a inovação em agricultura utilizando o potencial dos ecossistemas para se adaptar à escassez de água e aos extremos da temperatura.

Além do mais, a Europa, que exerceu o papel líder no protocolo de Kyoto, criou o primeiro mercado de direito a poluir. Ela está agora recuando em relação ao comprometimento estratégico da China na proteção ambiental. Porém, o capitalismo sempre se renovou por uma onda de inovações transformando a totalidade ou grande parte do campo industrial, por exemplo, o princípio do consumo de massa fundado sobre o automóvel, em seguida o da informação. Não há dúvida de que o meio ambiente é a nova fronteira tecnológica.

Tendo em vista que a história do desenvolvimento do capitalismo desde a revolução industrial mostra que as grandes fases de transformação, que relançam a acumulação do capital sobre diversas décadas, sobrevém após crises maiores, que geram um novo regime de crescimento. Essas transformações começam por inovações genéricas, radicais, que têm repercussões no conjunto dos setores e que se distinguem nisso das inovações incrementais, aperfeiçoamento das técnicas de produção e alargamento do campo de consumos se inscrevem no regime de crescimento em vigor mas não mudam nada do princípio de desenvolvimento.

Aí está uma ideia central: pensar a mudança climática como o modo pelo qual vai se modificar as rentabilidades e os riscos, para promover um novo regime de crescimento. Seria um erro, com efeito, considerar a economia verde como um setor particular. Trata-se, pelo contrário, de uma forma global de reconsiderar a economia e os modos de vida. E a Europa precisa se situar sobre esse tipo de desenvolvimento, pois o progresso social não pode mais ser concebido sem se considerar as determinantes ecológicas.

Para tanto, pode apoiar-se sobre as experiências bem sucedidas de saída de crise conduzida nos países nórdicos, promovendo a associação de investimentos públicos e privados para fazer evoluir profundamente o modelo industrial, levando a indústria europeia o mais próximo da fronteira tecnológica.

Essa necessidade de modernização é hoje muito sensível. O problema é que os investimentos não podem vir somente do setor privado, e a situação muito degradada das finanças públicas nacionais não deixa nenhuma margem de manobra. Vê-se bem que um impulso dado pelas entidades públicas seria necessário, mas os governos não têm mais meios diretos de fazê-lo. É aqui que uma solução europeia tem sentido: pode-se apoiar sobre o orçamento europeu e fazer dele o vetor de uma nova intermediação financeira de forma a atrair a poupança privada e, portanto, criar um efeito de amplificação considerável. Pode-se também conectar a produção de um novo ativo real, o ativo carbono, à política monetária para incitar os bancos a entrar no financiamento da inovação.

O ativo carbono é o ativo genérico de um novo regime de crescimento naquilo que a valorização dá início a transformações em todos os setores da economia, modificando a avaliação dos rendimentos, e os riscos dos investimentos e, portanto, reorientando a alocação do capital. A unidade de volume do ativo carbono é a tonelada de CO_2 evitada por todo projeto de investimento que produz esse ativo, diminuindo o montante de gás de efeito estufa na atmosfera. O preço

do ativo carbono é o valor social do carbono instituído pelo poder público. O nível político que deve instituir esse valor é o da União Europeia. Hoje, tal valor é nulo para a maioria das atividades produtivas, o que não é rentável e, portanto, bloqueia a inovação ambiental. O fraco valor do carbono que se forma no mercado de direitos de poluir diz respeito a apenas poucos setores e é acompanhado de uma distribuição gratuita e laxista de licenças que a neutraliza.

Sobre a base de um valor social do carbono suficientemente elevado e determinado por acordo político na União Europeia, os projetos de investimento de toda natureza que se apoiam sobre técnicas não poluidoras devem ser avaliados por agências especializadas para estimar os montantes de ativos de carbono que eles produzem. Segundo a natureza desses projetos, eles poderiam ser financiados pelos <<*project bonds*>> que a Comissão Europeia quer promover garantindo uma parte do risco de crédito para os compradores desses títulos, por meio das contribuições de capitais de fundos de *private equity* dedicados à inovação, por crédito de bancos de desenvolvimento, até mesmo bancos comerciais.

Para recolocar os bancos no financiamento da inovação, um dispositivo monetário foi sugerido por Jean-Charles Hourcade, diretor de pesquisa do CNRS e especialista mundial em questões ambientais. Os projetos de investimento que teriam sido certificados por uma agência pública competente de avaliação como produzindo um montante dado de ativo carbono poderiam ser a garantia de uma emissão de certificados carbono pelos bancos centrais nacionais no quadro das diretivas do BCE. O montante de certificados emitidos dependeria da oferta de ativos de carbono disponíveis e da conduta da política monetária. Esses certificados poderiam ser incorporados nas reservas dos bancos reduzindo, assim, o risco dos créditos acordados para financiar os investimentos.

Contudo, esse dispositivo não é suficiente. Certos investimentos de infraestrutura e de produção de energias renováveis são de longa duração e de rentabilidade diferida. Eles requerem montagens financeiras que mobilizam uma oferta de financiamento a longo prazo, a qual se dirige então aos investidores institucionais. Todavia, esses investidores possuem em seus passivos comprometimentos sociais que implicam restrições de diversificação e de limitação de riscos nas alocações de poupança que lhes são confiadas. Por um lado, são os maiores aplicadores de capitais, mas por outro, não podem dispor de grandes montantes no capital de risco. Existe, portanto, uma necessidade evidente de organizar em escala europeia um novo tipo de intermediação financeira não bancária que associe o público e o privado. Chamemos essa nova instituição o Fundo Verde Europeu.

A ideia é fazer dessa intermediação ao mesmo tempo uma associação público-privada em grande escala e um avanço decisivo da integração europeia. O Fundo Verde seria um intermediário financeiro público de direito europeu sob tutela do Parlamento europeu. Ele seria dotado de um capital fornecido pelo orçamento europeu. O orçamento seria aumentado do produto de uma taxa de carbono europeia, prolongamento natural da instauração de um valor social do carbono, e de uma taxa sobre as transações financeiras. O aumento de impostos europeu teria uma grande vantagem de fazer enfim do Parlamento europeu uma instituição federal dotada de um atributo soberano. Uma parte do produto desses impostos constituiria o capital do Fundo Verde. O resto poderia utilmente servir às operações direcionadas de reindustrialização de países devastados pela crise, do tipo plano Marshall para a Grécia e Portugal.

Assim, fortemente dotado e garantido, o Fundo poderia fazer papel de alavanca emitindo títulos em direção aos

 Zona do Euro

investidores institucionais do mundo inteiro. Esses títulos seriam notados AAA e teriam todas as chances de atrair demanda. Elas participariam de uma categoria de *eurobonds* proveniente não da conversão de dívidas nacionais, mas de uma intermediação diretamente europeia. Isso seria uma nova classe de ativos permitindo melhorar a fronteira de eficiência dos investidores institucionais. Esses títulos seriam remunerados pelo ganho proveniente dos ativos do Fundo Verde, que apoiaria os agentes financeiros especializados no crescimento ambiental. Graças a seu tamanho, ao número e à diversidade dos projetos financiados, ele alcançaria uma diversificação satisfatória do risco de inovação.

Quem se dirigiria ao Fundo? Os procedimentos para aceder aos recursos desse tipo de estrutura são geralmente complicados, o que pode desencorajar uma parte dos requerentes. Pode-se então imaginar uma forma de intermediação, indo até o projeto: o Fundo poderia fazer empréstimos diretos a entidades especializadas, por exemplo, bancos de desenvolvimento ou bancos comerciais abrigando um departamento de financiamento de projetos industriais, ou comprando diretamente *project bonds*.

Com esse modelo, se ultrapassa as aporias de financiamento atuais e pode-se enfim se engajar sobre o investimento gerador do novo regime de crescimento a longo prazo.

Resumo

Salvo a falta de governança política tratada na questão precedente, a Zona do Euro sofre de males que podem ser atendidas apenas a longo prazo. Mas para tanto, é preciso abandonar a ideologia que criou esse mal. São, por um lado, o enfraquecimento do crescimento potencial que nunca foi parado desde quarenta anos, e por outro, a polarização geográfica entre o norte que reforçou sua industrialização e o sul cada vez mais desindustrializado.

A fraqueza do investimento produtivo foi largamente devido às restrições da desinflação depois do esforço de alinhamento dos países com a Alemanha enquanto ela estava sob o impacto da difícil adaptação à reunificação nos anos 1990. Desde a imersão da Europa na globalização financeira após o advento do euro, é o domínio da finança de mercado, preocupada com a rentabilidade fora de alcance da grande parte dos investimentos industriais, que conduziu as empresas ao desvio das requisições massivas de ações e de operações de fusão, de desmembramento e de deslocalização com objetivos puramente financeiros.

Por outro lado, a integração econômica na ausência de toda e qualquer política industrial produz irremediavelmente a concentração das atividades industriais nas regiões onde elas eram mais desenvolvidas. Segue-se que ao invés de convergir os países divergem, de modo que os países mais ricos consolidam suas posições enquanto os dito hoje <<periféricos>> se empobrecem.

É por isso que a mudança institucional indo no sentido da união orçamentária e a formação de um grande mercado

 Zona do Euro

financeiro unificado pelos eurobonds não é suficiente. Para que a Zona do Euro tenha um futuro, é preciso inverter a tendência pluri-decenal ao enfraquecimento do crescimento potencial e à polarização territorial das atividades econômicas. Somente um projeto de desenvolvimento capaz de reativar a inovação sobre toda a gama das atividades econômicas e de ser levado por investimentos no qual uma parte importante está ancorada nos territórios em nível regional e local pode inverter o deslize da Europa para a estagnação de longa duração e de insignificância na economia mundial.

Esse projeto existiria se houvesse ainda na Europa dirigentes políticos dotados de uma visão de longo prazo e de uma aptidão para mobilizar as populações que os elegem. É o crescimento sustentável, cuja componente ambiental é preponderante. Ela é o horizonte da transição na economia mundial que vai colocar um fim ao tipo de globalização que faliu por estar fundado sobre a predação financeira.

Os projetos capazes de promover esse modo de desenvolvimento inscritos nos territórios implicam associações público-privadas em todos os estágios da organização política. Eles requerem, antes de tudo, um modo de avaliação dos rendimentos e dos riscos que sejam capazes de reorientar a alocação do capital. Esse modo de avaliação repousa sobre a instituição de um valor social do carbono em escala de União Europeia, ou seja, um preço capaz de fazer nascer uma nova classe de ativos reais, os ativos carbono. Sobre essa base é possível conceber um duplo sistema de intermediação financeira, em direção aos bancos de uma parte e dos investidores institucionais de outra para recolocar a finança a serviço da economia e reativar o investimento produtivo e dinamizar o crescimento potencial.

8

A consolidação orçamentária é apenas uma questão contábil. Para ser aceitável pelos cidadãos e, por conseguinte, conforme a democracia, ela deve, por sua vez, responder a um princípio de justiça social e contribuir para o novo crescimento. Isso implica em modificar a estrutura de receitas da mesma forma que a de despesas. Quais podem ser os princípios?

*O*s excessos depois da queda do <<modelo Wall Street>> do capitalismo financeiro, adotado com entusiasmo pelos bancos europeus, deixam uma herança muito pesada na ocasião da consolidação. Existem, certamente, os efeitos diretos sobre os orçamentos públicos que pretendem justificar a linguagem política à moda feita de rigor, firmeza, austeridade etc. No discurso dos dirigentes franceses, isso se resume aparentemente a um slogan único: <<fazer tudo como a Alemanha>>. Mas os problemas vão além da questão orçamentária que obscurece atualmente os mercados financeiros e as mídias. As tendências deletérias do capitalismo financeiro dos últimos trinta anos deixam sequelas muito mais graves: rompimento da coesão social, desemprego de longa duração, exclusão de uma fatia importante de jovens fora da população ativa, extrema precariedade que atinge parcelas inteiras da antiga classe média, diminuição drástica da mobilidade social ascendente com a deterioração do sistema educativo público, aumento incontrolável das desigualdades e erosão da proteção social. Em resumo, o modelo social europeu está em via de desaparecimento.

Toca-se, com efeito, no coração daquilo que fez a especificidade do modelo europeu: a aceitação pelo conjunto da classe política e dos cidadãos de um *wellfare* (bem-estar) social, que corrige as tendências às desigualdades oferecendo à maioria da população uma proteção contra os grandes riscos da existência: desemprego, doença e envelhecimento com precariedade de recursos financeiros. Esse sistema de transferência tinha também a virtude de ser contracíclico, amortizando as recessões e reconstituindo os recursos em períodos de conjuntura favorável, tanto que o crescimento potencial era suficientemente elevado para limitar o desemprego estrutural. Porém, faz vinte anos que as desigualdades crescem. Elas não são somente monetárias, mas se encadeiam e se acumulam em todos os domínios da vida, acabando por impedir a uma parte da população toda aspiração à melhoria de sua vida em um horizonte qualquer e mesmo a todo o sentido de pertença à sociedade. Ao mesmo tempo, o crescimento não é suficiente para reconstituir os recursos das agências que gerenciam o sistema, de modo que elas estão em déficit crônico. O papel estabilizador sobre a demanda não contrabalanceia mais a componente pró-cíclica que está ligada ao comportamento de oferta de crédito dos bancos, de modo que as economias se tornaram mais vulneráveis aos choques.

É muito importante redirecionar o crescimento potencial e torná-lo menos polarizado para curar certos males sociais de nossa época. Mas, o crescimento econômico não é um sistema mecânico. Sem mobilização da população, não existe reforma que resulte em um aumento durável do crescimento. Numa conferência organizada em Paris pelo FMI em janeiro de 2010 sobre as consolidações orçamentárias, a exposição de

Per Molander, o diretor geral da inspeção do sistema sueco de seguridade social, foi particularmente edificante.

A Suécia apresentava nos anos de 1980 alguns dos traços de declínio observado atualmente na Zona do Euro. A especulação imobiliária, que evidentemente foi desencadeada com a liberalização financeira, provocou uma desordem na repartição dos rendimentos, a qual foi combatida por uma progressão de transferências sociais. O crescimento havia desacelerado com a queda do investimento produtivo. A crise financeira, ligada ao colapso da bolha especulativa imobiliária, tinha provocado a quebra de bancos importantes, de modo que o sistema financeiro estava paralisado. Como já assinalamos, a reestruturação financeira foi imediata e eficaz. Mas ela provoca um aumento do déficit orçamentário implicando uma consolidação. A Suécia encontrou-se então diante do dilema: reduzir o déficit orçamentário sustentando ao mesmo tempo a demanda a curto prazo e redirecionando o crescimento potencial que tinha cedido na década anterior. A questão da demanda de sustentação em um prazo menor foi resolvida pela desvalorização da coroa. Mas o essencial era a maneira de conceber a consolidação orçamentária.

Per Molander salientou que a consolidação não pode em nenhum caso se ater à restrição monetária. Não é uma questão contábil, contrariamente ao que nos quer fazer acreditar o governo francês. É um conjunto coerente de reformas estruturais em função de um objetivo. Esse objetivo deve absolutamente garantir a justiça social, pois o maior obstáculo é a resistência difusa dos grupos de interesses disseminados. Tal resistência deve ser dominada pelo sentido do interesse coletivo. Em consequência, a consolidação pode apenas ter êxito se o Parlamento estiver implicado, o que requer um largo acordo dos partidos políticos sobre seus princípios. Na Suécia, o princípio era o de colocar o país na fronteira das tecnologias de informação e comunicação por uma política

massiva de investimentos. A reestruturação orçamentária era, por conseguinte, claramente percebida como fazendo parte de uma política que tendia ao médio prazo, ou seja, no horizonte razoável de cinco anos, melhorar o bem estar de toda a população.

É suficiente lembrar essas poucas verdades para bem entender, aliás sem surpresa, que se está no lado oposto da atitude atual dos governos dos países da Zona do Euro e dos burocratas de Bruxelas. Certamente não é pela via da suspensão de fato da democracia pela colocação dos países <<ajudados>> sob tutela que a adesão popular aos programas de austeridade impostas será suscitada. No espírito da reforma sueca, a consolidação orçamentária tem sentido apenas se a política industrial é previamente traçada. Comentamos na questão anterior para a Zona do Euro. É dentro dessa perspectiva que se deve reestruturar profundamente as despesas e as receitas públicas, ajustando o orçamento. O rigor não deve ser um exercício contábil, mas, pelo contrário, trazer a um primeiro plano a ideia de que as finanças são geradoras dos bens públicos que estão na base do crescimento e de uma gestão coletiva de riscos. Nessa medida que é preciso proceder com duas direções principais para uma reforma das finanças públicas: reduzir as transferências cegas (os nichos fiscais, por exemplo), e integrar as despesas ao projeto europeu que esboçamos anteriormente.

De um lado, fazer um esforço maciço de educação primária e secundária para acabar com a exclusão dos jovens sem formação acadêmica, notadamente na França, em relação ao dinamismo demográfico do país. De outro lado, requalificar, reconverter os trabalhadores, desenvolver o ensino superior e a formação no decorrer da vida em relação às qualificações suscitadas pela reorganização da economia para o crescimento durável.

Se as despesas de educação devem tornar-se prioritárias, é que se trata de considerar a despesa pública como uma despesa produtiva e de reduzir o desperdício ou a parte das despesas que não estariam ligadas a essa estratégia.

Ao lado das receitas será preciso levar em consideração o valor social do carbono fazendo dele um elemento estrutural do sistema fiscal, permitindo agir sobre a economia. A ideia é que os comportamentos das famílias e das empresas incorporem as novas restrições e estratégias. Uma fiscalização assentada sobre o carbono pode ter um forte impacto sobre a competitividade europeia. Uma parte da taxa pode ser destinada a reduzir a cotização sobre os salários com um efeito direto sobre o emprego. Esse instrumento deveria evidentemente estar integrado a uma reformulação fiscal no espírito do que é proposto por Thomas Piketty, Camille Landais e Emmanuel Saez para a França: base de imposição mais ampla possível, tratamento equitativo de todos os rendimentos familiares, simplificação e transparência por cobrança na fonte e aplicação de taxas efetivas, enfim reestabelecimento de uma progressividade razoável. O princípio é de aumentar o máximo possível a base fiscal e colocar todos os rendimentos em condições de igualdade diante do imposto. Notemos de passagem que isso modifica a psicologia coletiva: é um sinal político forte, que pode levar a adesão ao projeto de crescimento que queremos promover.

Essas considerações são guias qualitativos que permitem afastar-se dos erros em curso de maneira a evitar que as reduções de despesas orçamentárias a curto prazo e as altas dos impostos não diminuam a demanda interior. Sobretudo, não são necessárias reduções de programas sociais e de salários públicos que têm um forte efeito de contração da demanda, o qual extirpa significativamente, faz mesmo mais que anular a esperança inicial de diminuição do déficit. Como já foi notado, é o que acontece na Grécia com mais de 10% de baixa do PIB acumulado sobre 2010 e 2011. Em seguida, os tutores furiosos acusam o governo do país ajudado de não cumprir seus compromissos e impõem uma taxa suplementar de baixa de salários e de prestações sociais. O que é alucinante, mas não surpreendente já que o FMI está engajado nos dois casos, que é exatamente a mesma medicina que fez recuar a América Latina durante quase dez anos, antes que fosse decidido anular massivamente as dívidas.

É preciso, pois, evitar reduzir deliberadamente os rendimentos de atividades e as programas das categorias sociais vulneráveis. É necessário também aumentar, e não diminuir, as despesas em pesquisa, educação, inovações e infraestruturas, e portanto, as despesas em capital público que são fatores essenciais da produção potencial. A curto prazo, essas despesas sustentam a demanda. Mas as considerações qualitativas não são suficientes para determinar uma reestruturação orçamentária economicamente racional. Uma análise quantitativa aprofundada deve ser feita, uma verdadeira radiografia econômica do orçamento. É preciso calcular os efeitos das diferentes disposições fiscais e de transferências sociais possíveis sobre as categorias de rendimentos, e optar por diminuir aquelas que influenciam as categorias de rendimento cuja propensão a gastar é mais fraca. Como esta última decresce com o nível de rendimentos, é evidentemente bem necessário aumentar a progressividade dos impostos diretos, alargando ao mesmo tempo a base fiscal. Além disso, sobretudo, não se deve considerar suprimir o imposto sobre a riqueza e é preciso anular as disposições que reduziram os direitos de sucessão, isentar as horas suplementares e instaurar o escudo fiscal na França no mês de agosto de 2007: um coquetel de medidas antieconômicas, raramente reunidos em uma única lei. Em agosto de 2007, no início da crise: acredita-se estar sonhando! De maneira geral, todos os nichos fiscais devem ser avaliados. A maioria gera apenas rendas e devem ser suprimidos. Se algumas favorecem a produção, medir-se-á o rendimento em relação à perda de receitas do Estado.

É preciso igualmente administrar uma boa articulação entre o nível europeu e o nível nacional. Se compreendemos sobre o fato de que a taxação diz respeito principalmente ao domínio dos Estados membros, a avaliação deve no mínimo ser feita a nível europeu. E não será inútil prever dispositivos de harmonização com a finalidade de evitar o *dumping* fiscal e os movimentos artificiais de capitais. De toda forma é preciso acabar com os locais *offshore* na Europa: os fluxos de capitais devem ser ligados a operações produtivas, não a da especulação ou de evasão fiscal.

8 Zona do Euro

Resumo

Os governos da Zona do Euro estão postos diante de um dilema. Eles querem reduzir os déficits orçamentários, mas são ameaçados de um duplo perigo: uma demanda insuficiente a curto prazo e a asfixia do crescimento potencial a médio e longo prazo. Não existe nenhuma chance de sair dessa armadilha pela lógica contábil que é atualmente buscada: diminui-se tudo que se pode nas despesas, sem nenhuma consideração sobre as funções econômicas muito diferentes das categorias de despesas públicas. Além disso, conforme a lógica econômica liberal, que vimos na questão precedente que não leva em consideração os efeitos dos rendimentos crescentes e as externalidades das economias industrializadas, os governos estimam que seja melhor diminuir as despesas do que aumentar os impostos.

Para sair dessas rotinas, como mostrou a experiência sueca, é preciso antes definir um projeto industrial e depois modelar a reestruturação orçamentária sobre a realização desse projeto. É preciso que este projeto se torne um interesse coletivo para receber o grande apoio da população em detrimento da resistência dos interesses particulares.

A conduta da política orçamentária conforme esses princípios conduz a uma análise dos impactos macroeconômicos das diferentes categorias de despesas orçamentárias. A curto prazo é o impacto sobre a propensão marginal a despender que é preponderante. A longo prazo é o impacto sobre o progresso técnico, a qualidade da mão de obra e sua adequação às qualificações decorrentes do projeto industrial pretendido, e a complementariedade com o investimento privado (efeito *de crescimento endógeno) que importa. Os dois critérios indicam que não se deve, sobretudo, diminuir os salários do setor público e os programas sociais a baixos rendimentos e que é absolutamente preciso aumentar os investimentos públicos (aí compreendida a prioridade das despesas em educação) no programa a médio prazo de consolidação orçamentária.*

9

A regulação financeira é essencial à colocação em ordem da finança após os excessos da década precedente. Em que situação se encontra os avanços da regulamentação na Europa? São eles suficientemente eficazes para colocar os sistemas financeiros em posição de financiar os investimentos de longo prazo?

A regulação financeira é um enorme canteiro de obras que apresenta uma montanha de problemas não resolvidos quando o G20 lançou a reforma desde o mês de abril de 2009. Depois de mais de dois anos e meio os resultados parciais mostram-se muito insuficientes. São, entretanto, os princípios mesmos sobre os quais repousa a finança global desde uns trinta anos que foram questionados pela crise sistêmica. Porém, os reguladores prudenciais dos diferentes setores da finança não podem abordar os problemas a não ser por um ponto de vista técnico. Sobre este registro eles tornam-se presas do lobby dos bancos de negócios internacionais que foram os grandes especuladores da finança global de mercado e que não querem abandonar nenhuma das vantagens que a regulação laxista lhes deu. O poder desse lobby é constante nos meios financeiros e humanos, sobretudo, pela rede tentacular de conivências políticas que ele soube criar. Sendo assim, a finança deve ser renovada em seus princípios mais fundamentais. Isso quer dizer que a política deve retomar o posto de comando ao invés de a finança ditar à política as regras que lhe convém.

Enunciemos, antes de desenvolvê-los, alguns dos problemas de base que estão em jogo, que os políticos compreendem mal e sobre a resolução dos quais eles estão em profundo desacordo entre os países. Uma das maiores dificuldades, que por sinal fez romper a coesão do G20, consiste em distinguir o que é da ordem das interdependências globais e deve, portanto ser harmonizado, e o que é da ordem das diferentes estruturas dos sistemas financeiros. O primeiro domínio diz respeito essencialmente aos bancos globais a incidências sistêmicas, a nebulosa do *shadow banking* e os mercados derivados, mas também às normas contábeis e às agências de notação. A harmonização mundial é indispensável para evitar as arbitragens regulamentares que são fontes de desvios, instabilidades e de elos frágeis dissimulados nas correntes financeiras. O segundo domínio é marcado por estruturas financeiras e apreensões quanto ao papel da finança muito diferentes para os Estados Unidos e, de modo mais geral, o mundo anglo saxão de um lado, e a Europa continental do outro.

Não é na Zona do Euro, mas na União Europeia que as questões de regulação financeira são tratadas. Os conflitos de doutrina entre os Britânicos e os Franco-alemães, mais próximos nessa matéria, são permanentes. As negociações, quando elas têm êxito, produzem diretrizes inadequadas em relação aos problemas que as motivaram O fio de Ariadne das questões globais, estabilidade financeira e financiamento do crescimento a longo prazo, perde-se nos meandros das controvérsias técnicas. Por outro lado, a singularidade do projeto europeu de integrar os países recusando toda cooperação política possui consequências particularmente infelizes em finança, que é domínio de interdependências por excelência. Os Europeus conseguiram a façanha até 2010 quando foram avalizadas as proposições de Jacques de Larosière, de se recomendar do princípio de

# Zona do Euro

subsidiariedade para confiar a regulação prudencial das entidades de envergadura transnacional a reguladores nacionais. Claro, isso acarretou a captura dos reguladores transformando os promotores das instituições financeiras em campiões nacionais. Resultou uma incitação generalizada ao laxismo. Agora que os três reguladores europeus estão instituídos pelos bancos, seguradoras e mercados, resta ver como ficará sua autoridade visto não serem entidades europeias, mas simplesmente conselhos reagrupando os reguladores nacionais. Porém, para reforçar efetivamente a vigilância, é preciso que as autoridades europeias de controle tenham o poder efetivo de fazer com que sejam adotadas decisões restritivas aos reguladores nacionais. O problema da cooperação se coloca em toda parte.

Os países da Zona do Euro têm uma fonte de discórdia profunda que se revelou na gestão da crise, como se mostrou no capítulo 6. Trata-se da necessidade de um objetivo de estabilidade financeira global, como princípio que enquadre e articule as diferentes regulações. Definir o objetivo de estabilidade financeira global implica um questionamento da maneira pela qual a Europa isolou a moeda dos outros problemas de coordenação econômica. Pode-se fazê-lo porque o BCE, confinado à estabilidade de preços, foi isentado de toda responsabilidade com respeito à estabilidade financeira. Porém, a crise mostrou que uma regulação financeira puramente microeconômica não era viável, pois, uma regulamentação unicamente microprudencial, fundada sobre índices individuais de capital, preocupa-se unicamente dos interesses dos acionistas. Subestimando o risco de liquidez, ela deixa totalmente de lado o risco coletivo que o sistema bancário faz pesar sobre toda a economia, enquanto os engajamentos interbancários são congelados pela suspeita generalizada que pesa sobre a situação financeira dos parceiros.

É certo que o Banco Central Europeu aceitou seu papel de credor em última instância dos bancos na gestão da crise de liquidez. Mas a responsabilidade da estabilidade financeira supõe muito mais que isto. É uma responsabilidade permanente que deve se preocupar com os sinais fracos e escondidos da crise em formação durante a fase eufórica. Não é vigiando unicamente a estabilidade dos preços que os germes de disfuncionamento cumulativos na finança podem ser detectados. Isso implica atuar sobre diversos registros. Em primeiro lugar, é preciso atribuir ao Banco Central um duplo objetivo: de estabilidade dos preços e de estabilidade financeira. Em matéria de política monetária, isso conduz a uma inovação, com uma política macroprudencial cuja razão de ser é de conter o risco sistêmico, por sua vez por instrumentos de prevenção e de alerta, e por modos de gestão apropriados no caso de um acidente.

Essa responsabilidade, que ninguém mais pode negar, transforma necessariamente o estatuto do BCE e leva a reconsiderar a doutrina que tinha instituído sua independência. Na Europa, essa doutrina corresponde a uma situação institucional específica: o BCE não está colocado sob a tutela de uma instituição democrática, e sobretudo, suas escolhas não estão integradas em políticas de ordem federal. Porém, a partir do momento em que se lhe confia dois objetivos, não se pode mais sustentar o argumento de um objetivo independente de todos os outros, argumento que fundamentava a ideia de uma independência absoluta do BCE. O objetivo de estabilidade financeira, ao contrário, exige arbitragens, interações com os Estados, ações sobre tal categoria do sistema financeiro mais do que sobre tal outra. A missão do Banco Central se enriquece e se torna mais complexa, e principalmente, ela se define em interdependência com outros agentes. Não há então mais base racional à forma exacerbada de independência que foi adotada no tratado de Maastricht. O macroprudencial liga o BCE a outras entidades públicas em um espaço institucional que toma a forma de um Conselho do risco sistêmico associando os reguladores dos diferentes componentes do sistema financeiro (bancos, seguradoras, mercados financeiros). Nesse quadro, o BCE pode agir apenas em coordenação com outras entidades reguladoras.

No nível instrumental, essa plataforma se alarga, pois não é possível conduzir uma política voltada para dois objetivos com um só instrumento, no caso, a taxa de juros diretora. É preciso também utilizar ferramentas quantitativas como faz o Banco Central chinês. Essas ferramentas são as reservas obrigatórias dos bancos (impostas sobre os créditos ou sobre os depósitos) e os limites de crédito em setores onde um círculo vicioso se desenvolve entre o crédito e o aumento autossustentável dos preços de ativos. Pois o risco sistêmico aparece a partir de elos fracos que amadurecem nos domínios aparentemente mais rentáveis. É, portanto, essencial que o BCE se dê os meios de vigiar e controlar os ritmos de evolução do crédito, colocando em prática indicadores que permitam detectar o desvio do crédito em relação a um corredor de evolução que a análise permite julgar necessária ao financiamento do crescimento potencial.

Insuficiente nela mesma, a regulação microprudencial, pela via das razões de capital regulamentar mínimo imposto aos bancos, não tem por onde melhorar. Nesse domínio, progressos foram alcançados os quais estão em princípio sobre a égide do G20. Ainda é preciso que sua aplicação se imponha a um perímetro de bancos suficientemente grandes. É o caso para Europa, mas não para os Estados Unidos. As regras prudenciais para os bancos são elaboradas dentro de um comitê internacional de supervisão bancária reunido em Basileia. Esse comitê promulgou novas regras, substituindo as de Basileia II pelas de Basileia III. Alcançou avanços notáveis na medição dos riscos a cobrir, na definição do que é preciso reter como fundos próprios dos bancos, na reinserção no perímetro do balanço dos riscos que os bancos tinham o hábito de considerar fora a fim de diminuir a restrição de imobilização de capital. Além disso, Basileia III vai além do capital regulamentar que leva em conta. Ele introduz outras exigências para limitar a alavanca de endividamento dos bancos e para obrigá-los a gerenciar com mais prudência suas necessidades de liquidez sobre o mercado de atacado da moeda que pode ser muito volátil. Esses instrumentos serão úteis se os bancos centrais os gerenciarem de maneira contra-cíclica.

Essas reformas, como se viu, são profundas, mas mantêm-se no domínio dos meios para incitar os bancos a comportamentos mais prudentes. Não mais que no passado, não se pode pretender que eles sejam capazes de afastar as crises financeiras. Estas colocam problemas inquietantes que vão além da capacidade em conter a amplitude das flutuações do ciclo financeiro para evitar que ele não se degenere em crise. O problema ao qual os países ocidentais são confrontados é a compatibilidade entre o poder do qual a finança dotou-se decorrente da globalização e a legitimidade democrática sobre a qual estão fundados os regimes políticos. A contradição é particularmente aguda na Europa onde o sistema financeiro, pouco competitivo, é estruturado por bancos transnacionais gigantescos. No caso dos pequenos países, não é raro que o valor do balanço de um só banco ultrapasse três, cinco vezes ou mais o PIB do país. O resultado foi que na Irlanda o colapso dos bancos se tornou um abismo para as finanças públicas. É à irresponsabilidade dos banqueiros que os assalariados irlandeses devem as baixas de salário de até 20% e o crescente desemprego que eles enfrentam. Até agora, somente o governo suíço reagiu impondo aos dois gigantes UBS e Crédit Suisse restrições relativas ao capital muito acima das mínimas preconizadas por Basileia III, levando esses bancos a modificar seu <<business model>> através de uma redução drástica de suas operações de mercado.

 Zona do Euro

O poder que os bancos se arrogam sobre as autoridades políticas legítimas resulta da violação dos princípios da economia de mercado que tais bancos pretendem esposar. Com efeito, a pedra angular da lógica do capitalismo competitivo é a ameaça e a própria realidade da falência, o que permite evitar que os poderes privados, movidos pelo desejo ilimitado de acumulação de riqueza, levantem sobre a sociedade uma rentabilidade desmesurada. Todavia, por revestirem-se de características híbridas, ao mesmo tempo entidade capitalista e agente de um bem público que é a moeda, os bancos subtraem-se à regra comum da falência, exceto naquilo que se refere à ameaça da integridade da economia em seu conjunto. Foi por essa causa que quando os regimes políticos democráticos foram consolidados ou refundados na Europa continental após a Segunda Guerra Mundial, os sistemas bancários foram colocados sob a tutela dos Estados e amplamente nacionalizados, erradicando toda crise financeira durante mais de trinta anos.

As consequências desastrosas do ano 2008, onde o sistema bancário ocidental foi salvo do colapso coletivo pelos Estados sem questionamento de seu poder sobre a economia, colocam uma questão fundamental para o futuro da globalização: como aplicar a lei de falência em finança, ou seja, eliminar o famoso princípio <<*too big to fail*>> (grande demais para falir), sem restabelecer o controle estatal sobre os bancos?

Diante dessa questão, o silêncio dos dirigentes políticos e das autoridades reguladoras da finança nos países da Zona do Euro é ensurdecedor. É no Reino Unido que um início de resposta é audível. A comissão Vickers apresentou, em setembro de 2011, um relatório que propõe a separação dos serviços bancários entre banco de negócios de um lado e banco de depósito de outro, devendo o banco de negócios ser capitalizado a parte. É evidente que tal separação pode trazer alguns problemas aos bancos universais europeus. Mas essa constante faz recair-se sobre outra questão. Será esse modelo de banco universal tão eficaz? É claro que ele permitiu que os depósitos da população, pelo intermédio do banco de varejo, financiassem as aberrações do banco de investimentos. É bem evidente que Natixis estaria em falência se esse banco de negócios não tivesse sido englobado no sistema de caixas econômicas, tornado um banco para fazer tudo na sequência de uma corrida extravagante ao seu tamanho por uma série de aquisições de racionalidade econômica mais que duvidosa. Aliás, os estudos de economia industrial mostram que não há economia de escala acima de 20 bilhões de dólares de ativos aproximadamente. A corrida ao tamanho, que a crise financeira ainda acentuou sensivelmente, é uma corrida pelo poder, da qual se deve tirar todas as lições em termos de custo impostos à economia em seu conjunto. É oportuno que a Comissão Europeia tenha decidido apreender essa questão e fazer uma auditoria do modelo europeu de banco universal.

A aposta na falência dos Bancos na Europa põe igualmente um sério problema jurídico. Contrariamente aos Estados Unidos, a especificidade dos bancos enquanto sociedade privada não é reconhecida por lei. Porém, pelo fato que os bancos sejam entidades que geram um bem público, uma falência bancária deve ser organizada por uma reestruturação que não coloca em perigo a continuidade das atividades vitais para a economia, ou seja, o serviço de pagamentos, a gestão das contas de depósitos e a renovação de necessidades em capital de giro das empresas. Daí decorrem várias consequências. São as lições tiradas aos Estados Unidos após a crise das caixas econômicas de 1988-1990 que deu lugar, em 1991, a uma lei redefinindo a supervisão bancária. O organismo responsável é a Agência Federal de Seguro de Depósitos, colocada sob a autoridade do Congresso. Essa agência tem uma responsabilidade de resultados: proteger o dinheiro dos contribuintes, por conseguinte, minimizar as perdas dos bancos.

Em contrapartida ela é dotada de autoridade para decretar a falência de um banco, demitir os dirigentes, nomear administradores provisórios e organizar a reestruturação antes que o valor líquido do banco tenha se tornado negativo. Ela tem igualmente autoridade para tentar evitar essa saída, bem como a de interromper a degradação da situação do banco por uma ação corretiva precoce, impondo modificações de gestão aos dirigentes do banco.

Na Europa, os obstáculos ao reconhecimento da doutrina segundo a qual os bancos são especiais, e devem, portanto, ser tratados juridicamente de maneira especial, são imensos. O caráter caótico e improvisado do desmembramento do banco Fortis mostra a amplitude das dificuldades sobre esse terreno que se apresenta árido, com muito pouca impulsão política para avançar.

No que diz respeito aos mercados financeiros e aos organismos de mercado, o que é chamado o *shadow banking*, existe igualmente reformas a empreender, mas se choca aqui a um conflito de doutrinas entre a Europa Continental e Anglo-Saxões: necessita-se regulamentar os agentes ou os produtos? O problema é ainda mais agudo que, nesse domínio, a harmonização é imperativa para evitar os desvios extremamente simples que esvaziam a regulação de todo conteúdo.

A Europa, em todo caso, está desenvolvida no que diz respeito aos *hedge funds*, que participam do risco sistêmico: os maiores são as emanações dos bancos de negócios, e eles se correlacionam em situação de estresse, constituindo assim um <<motim>>, o que é muito perigoso devido o volume de negócios que eles lidam. A Europa introduziu a ideia de registro e transparência. No ideal, certamente, os investidores deveriam controlar seus investimentos nos *hedge funds*, mas se deparam precisamente com um problema de transparência e de acesso à informação. Deveria-se progredir um pouco sob o impulso do comissário europeu Michel Barnier. Um outro aspecto importante é o de alavanca de endividamento utilizados pelos *hedge funds* em algumas de suas estratégias. O uso do efeito de alavanca implica riscos de crédito que se combinam ao risco de liquidez quando os mercados monetários se entravam. Teria sentido, no quadro de uma política prudencial bem concebida, de baixar as alavancas e tratar os *hedge funds* como bancos.

Isso não é fácil de colocar em prática, porque as resistências são numerosas e os agentes em questão dispõem de ligações políticas. A Comissão Europeia havia introduzido a ideia de <<passaporte europeu>>: não seria admitido a nenhum *hedge fund* não europeu intervir sobre os mercados europeus sem se submeter a um regime regulamentar semelhante ao que o que é aplicado na União Europeia. Mas o Reino Unido se opôs ferozmente em nome dos interesses da City e chegou-se a um compromisso manco. No total, *hedge funds* menos regulados poderão intervir sobre os mercados europeus inscrevendo-se em Londres.

No que diz respeito aos mercados derivados, a questão é de centralizar o regulamento das transações nos diferentes compartimentos de mercado, isto é, criar câmaras de compensação. Graças a compensação multilateral das posições dos agentes desses mercados e ao acompanhamento cotidiano das posições líquidas, é uma garantia que não se acumulem riscos de contrapartidas dissimuladas em cadeias de transações bilaterais. As posições cotidianas residuais são controladas pela câmara de compensação que procede às chamadas de margem (títulos seguros oferecidos com garantia para cobri-lo) ou que impõe para liquidá-los. Mas, as câmaras de compensação são também focos possíveis de risco sistêmico, e convêm considerá-los como bancos beneficiários da proteção do credor em última instância. Foi o que propôs a Comissão Europeia em um projeto de diretriz que foi aprovado pelo Parlamento.

No domínio de seguradoras, a situação não é mais simples. A profissão está contra as normas contábeis ditas IFRS

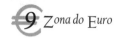

9 Zona do Euro

(International Financial Reporting Standards) e contra uma diretiva da Comissão europeia chamada Solvabilidade II.

As normas IFRS são concebidas por um organismo privado, a IASB (International Accountign Standard Board), que pretende reger o planeta impondo um sistema contábil unificado. Os governos europeus, sendo incapazes de se entenderem sobre princípios comuns, adotaram-no em bloco no início dos anos 2000 em suas disposições da época. Mas o rolo compressor da IASB elabora constantemente novas regras. Porém, as que dizem respeito às seguradoras e aos fundos de pensão são particularmente hostis ao investimento de longo prazo, o qual foi visto anteriormente no capítulo 7, a qual ponto é importante para a Europa. Assim, agora se desperta na burocracia de Bruxelas, objeta-se e protestamos contra sua aplicação.

As normas IFRS, centradas sobre a noção de *faire value* (valor justo) que oferece ao acionista uma avaliação imediata, estabelece de fato um sério problema para a avaliação dos balanços das companhias seguradoras. Pois são instituições que não possuem passivo líquido. Os prêmios que dizem respeito ao seguro <<IARD>> (Incêndio, Acidentes e Riscos Diversos) são entradas seguras. Os contratos de seguro de vida são contratos de poupança que não podem ser readquiridas pelo subscritor sem que haja penalidades e eles são concluídos para financiar prestações de aposentadoria e pensões. Trata-se então de poupança de longo prazo, e é lógico para as seguradoras financiar ativos de longo prazo. A questão é: como avaliar ativo e passivo do balanço? Para o ativo das companhias existe uma referência ao valor de mercado para as aplicações financeiras que são suscetíveis de serem vendidas sobre um mercado secundário. Quanto ao passivo, é lógico fazer um cálculo estatístico: atualizar os fluxos de poupança e de prestações futuras. O problema é que a IASB, o organismo que elabora as normas IFRs, quer impor a adoção de uma taxa de mercado. Atualmente a Comissão Europeia recusa, impulsionada pela profissão. No entanto, as taxas de mercado europeu são extremamente díspares e submetidas à crise da Zona do Euro, o que as torna extremamente voláteis. O efeito de uma variação da taxa de atualização sobre o valor atuarial é muito amplificada, e tanto mais quanto o passivo é longo. É assim muito fácil de encontrar um passivo que varie do simples ao dobro quando a taxa de juros muda com modificações fugitivas da opinião de mercado, que evidentemente não tem nada a ver com o valor atuarial dos compromissos das companhias seguradoras. Essas variações intempestivas de passivo afetariam a conta de resultado; uma deterioração marcada do resultado contábil seria imediatamente repercutida pelas agências de notação em degradação da nota que forçaria as companhias a aumentar seu capital, por conseguinte vender ativos e deste fato conservar um grande colchão de ativos. Adeus ao investimento a longo prazo! Eis os absurdos aos quais conduz a ideologia sectária da finança de mercado confiada a crentes dogmáticos.

Quanto à Solvabilidade II, é uma diretiva que tende a assimilar as companhias de seguro aos bancos em nome da proteção dos consumidores de produtos de seguro, isto é, os poupadores. Ela está no mesmo espírito que Bâle III. Dois índices de capital são previstos, um índice-razão de capital solvente e um índice de capital mínimo. O cálculo do capital deve incorporar todos os riscos (financeiros e não financeiros), segundo um princípio dito de valor a risco: capital econômico suficiente para cobrir as perdas não antecipadas a um ano com uma probabilidade de 99,5%. Essas exigências em capital são extremamente restritivas e terão incidências sobre as estratégias de investimento: reduzir a exposição ao risco para diminuir a carga em capital. Haverá, portanto, menos ações, créditos a projetos arriscados e títulos de sociedades industriais, mais títulos garantidos (*covered bounds*) e títulos dos Estados mais seguros.

9 Zona do Euro

Enfim, *last but not least*, coloca-se o gigantesco problema das agências de notação, cuja nocividade durante a crise europeia não teve igual senão na deflagrada pela crise do crédito estruturado em 2007-2008. Os governos fulminam e ameaçam a cada episódio no qual as agências jogam óleo sobre o fogo. Mas eles não fazem estritamente nada, sem dúvida falta-lhes compreender a natureza do problema. Tentemos explicar o que está em jogo.

Notar é avaliar a qualidade dos créditos, mensurado pela probabilidade de insolvência de um mutuário que contraiu uma dívida. Porque a lei de distribuição de riscos de insolvência não é conhecida e não pode ser estimada em seu todo, essa avaliação é mais ordinal do que cardinal (busca-se saber se um mutuário é mais ou menos arriscado que outro). Ela é representada sobre uma escala alfabética de notas.

O problema fundamental da notação é a separação do risco de crédito e de liquidez. De fato, as agências não possuem estritamente nenhuma aptidão em apreender o risco de liquidez. É um risco sistêmico de natureza monetária. Somente pode tentar uma aproximação através da aplicação do método de testes de estresse conduzidos pelas autoridades monetárias no quadro da política macroprudencial. O papel das agências é de avaliar os riscos específicos de crédito dos mutuários individuais independentemente do risco de liquidez. É o que elas chamam notar as empresas através do ciclo. Elas evitam assim que suas notas sejam contaminadas pelas variações do risco de liquidez, por conseguinte que elas sejam pró-cíclicas.

Em seu ofício de origem que é de notar as empresas, as agências puderam estabelecer uma *expertise* na evolução da capacidade intrínseca dos mutuários em honrar suas dívidas. Elas não degradaram as empresas somente porque a economia está em recessão. Elas puderam fazê-lo porque reuniram numerosos dados que lhes permitem adotar um método estatístico, fazendo atuar a lei dos grandes números. Existem, com efeito, muitas empresas acompanhadas há muito tempo e muitos eventos de crédito (situações financeiras degradadas, inadimplência de pagamento de vencimento, demanda de proteção de empresas diante do tribunal, falências declaradas) que as agências coletam. É, portanto, possível estabelecer perfis de empresas em função do risco que elas evoluem em direção à inadimplência. Pode-se assim determinar classes de empresas, definidas por parâmetros característicos de robustez e fragilidade, para induzir que uma empresa particular pertencendo a uma ou outra classe tenha um risco de inadimplência que aumente ou diminua. A confrontação entre as decisões das agências que modificaram notas e as evoluções ulteriores das situações financeiras das empresas permite avaliar *ex post* a melhor ou pior correlação entre a previsão e a realidade.

Foi assim que três agências americanas adquiriram uma notoriedade mundial, a ponto de os investidores financeiros renunciarem a todo trabalho de auditoria própria, trabalho evidentemente custoso. Resulta-se em uma estrutura de informação nos mercados particularmente perigosa. As agências formam a opinião coletiva dos mercados. A diversidade de opiniões que somente permite a estabilidade de um mercado financeiro é substituída por um mimetismo devastador. Os governos têm uma parte esmagadora de responsabilidade nessa evolução que está, para muitos, no aumento da volatilidade financeira desde o início dos anos 2000. Eles, com efeito, reforçaram sensivelmente o papel das agências colocando-as no centro da regulação financeira. Foi verdadeiramente fazer o lobo entrar no curral. De um lado a referência às agências é o pivô da regulação prudencial dos bancos, de outro lado ela se tornou incontornável para os investidores institucionais que devem deter títulos <<seguros>> segundo as notas das agências.

Zona do Euro

Pode-se, todavia, sustentar que se as agências fazem bem seu trabalho de separação dos riscos de crédito e de liquidez, e se elas não se misturam nesse último que está fora de seu campo de competência, é apenas um mal menor que elas formem a opinião do mercado. Mas elas entraram em dois negócios rentáveis onde esta separação é impossível. Na securitização, a concepção mesma dos créditos estruturados as colocou em casamento total com os bancos de negócios. Os conflitos de interesse foram levados a seu auge e desastre anunciado se produziu. Portanto, os governos não tiraram nenhuma lição e outros tipos de produtos estruturados anunciam outras catástrofes. Na notação soberana, é a Zona do Euro que é a principal vítima das agências que arrastam a opinião dos mercados financeiros enquanto que elas não têm nenhuma competência nem método válido para avaliar a solvência intrínseca de credores soberanos. Pois o método estatístico está fora de alcance: há poucos agentes soberanos e muito pouco de inadimplência.

Porém, bem mais do que para as empresas, seria necessário poder atribuir notas através do ciclo, já que os Estados soberanos são credores cuja duração de vida é infinita. Como já comentado anteriormente, a sustentabilidade da dívida soberana é um processo que responde a condições dinâmicas que levam a uma infinidade de trajetórias satisfazendo essas condições. Para passar do modelo teórico a uma avaliação empírica do risco de crédito, é preciso ser capaz de mensurar a influência dos fatores que incidem na solvência para determinar a parte do risco de crédito intrínseco da Itália, por exemplo, no aumento do *spread* de taxa vinculada entre a Itália e a Alemanha. Somente uma deterioração dessa parte justificaria uma degradação da nota da Itália, não o fato que o enfraquecimento do crescimento na Zona do Euro ou a falta de liquidez bancária faz retorno sobre o déficit orçamentário da Itália. Esse trabalho de identificação do risco de crédito puro, as agências não o fazem. Como elas formam a opinião do mercado, podem também levar as taxas vinculadas de um país em um processo puramente reflexivo a níveis que colocam tal país em falência.

As agências, por si mesmas, reconhecem que não possuem nenhum método. Revestem uma opinião subjetiva de uma pseudo-racionalidade. Pretende aplicar uma análise de <<multicritérios>>. Os critérios são os mais díspares: políticos, econômicos, jurídicos. A posição dos países em relação aos critérios é uma apreciação subjetiva expressa de maneira quantitativa, como o é a ponderação dos critérios que permitem chegar a uma nota. Em seguida há uma dissertação justificadora. A leitura do relatório de Moody's ameaçando degradar a França é edificante. São considerações macroeconômicas muito gerais que constituem um verdadeiro dever de estudante de mestrado.

Para a perfeita compreensão do que se passa, comparemos a França e o Reino Unido no decorrer do verão de 2011. Na França as taxas vinculadas subiram fortemente acima das taxas alemãs, no Reino Unido elas baixaram até um nível inferior às alemãs. Quem pode acreditar que bruscamente a capacidade intrínseca de administrar as finanças públicas enfraqueceu drasticamente na França e melhorou no Reino Unido? Portanto, as agências ameaçam degradar a nota da França. Há uma diferença, com efeito. O Reino Unido tem um Banco Central que impede todo risco de inadimplência por repercussão comprando os títulos públicos caso todo mundo se torne vendedor por medo de não encontrar comprador. Esses fenômenos de psicologia coletiva não têm nada a ver com a capacidade dos Estados em gerenciar suas dívidas públicas. Mas eles podem ser impulsionados pelas agências de notação.

9 Zona do Euro

O que finalmente reter da implicação das agências americanas na crise da Zona do Euro? A prociclicidade é fácil de observar. Há uma forte relação entre a degradação das notas dos Estados da Zona do Euro e as taxas de juros das emissões de títulos novos. O papel das agências depende então da <<causalidade>> estatística. Se a degradação das notas segue o mercado, as agências uivam com os lobos, mas não servem para nada. Se elas a precedem, pode-se ver por sua influência aproximada/ conciliada sobre o preço dos CDS (*Credit Default Swap* que são, lembremo-nos, tipos de contratos de seguro sobre o risco de inadimplência) cujo aumento se repercute sobre as taxas vinculadas do país. Nesse caso, as agências participam na deterioração das finanças públicas. Elas ultrapassaram uma etapa suplementar em dezembro de 2011 ameaçando degradar de maneira indiscriminada todas as notas de todos os países da Zona do Euro sob pretexto de uma recessão. A máscara caiu. É exatamente o contrário daquilo para o qual elas foram feitas, que é discriminar o risco intrínseco de crédito dos mutuários.

Quando e como as autoridades prudenciais europeias colocarão um termo a este jogo de massacre? Em suas propostas de regulação das agências, a Comissão Europeia não se ocupa ao problema fundamental que assinalamos. Ela busca somente remediar às disfunções adjacentes: minimizar os conflitos de interesse, diminuir o vício dos investidores às notas, forçar as agências a fornecer uma informação detalhada sobre as razões que as conduzem a modificar as notas, reduzir o impacto imediato sobre os mercados e submetê-los a uma responsabilidade jurídica. Mas, a Comissão não teve nem mesmo a coragem de adotar uma proposta de bom senso do comissário Barnier de suspender a notação dos países sob assistência internacional.

Seria necessário, ao contrário, ir muito mais longe. A menor das coisas é ir no sentido da *Securities Exchange Commission* (SEC) americana. É preciso banir toda referência às agências na regulação financeira para banalizá-las. Isso quer dizer suprimir toda exigência de nota mínima nos contratos de seguro e nos de fundo de pensão. É preciso também suprimir a referência às notas das agências na determinação do capital bancário exigido segundo Basileia III. Em resumo, é preciso forçar os investidores institucionais a se munir da *expertise* necessária para fazer seu trabalho de avaliação. Se se assume o papel de investidor financeiro e se tem a responsabilidade fiduciária de gerenciar a poupança das famílias, é o mínimo que os reguladores deveriam exigir. As agências retornariam ao o que elas pretendem ser, analistas entre outros que emitem opiniões. Certamente elas teriam menos lucro; o que significa que a moral aí ganharia ao mesmo tempo em que a estabilidade dos mercados.

No tocante ao procedimento orçamentário coletivo que nós preconizamos anteriormente (no capítulo 6), é necessário uma instância de avaliação das propostas governamentais. É concebível que o avaliador não seja a Comissão. Nesse caso seria possível criar uma agência federal, pública e independente, com um estatuto idêntico ao do BCE cuja função seria a de proceder a uma avaliação em profundidade das políticas orçamentárias para o exame destas políticas nos semestres europeus. Ela deveria ter a autoridade de obter informações detalhadas dos governos sobre a estrutura de suas despesas e de suas receitas, de maneira a fazer uma avaliação intrínseca da sustentabilidade a longo prazo e por conseguinte do risco de crédito. Como subproduto dessa análise, tal instituição poderia fornecer as notas publicadas.

No geral, percebe-se que a regulação financeira na Europa é um canteiro de obras inacabado, com pesados

 Zona do Euro

propósitos. Podemos nos felicitar pelo fato de que elas começaram a ser discutidas no nível dos princípios. Mas a estrada será longa para chegar a um sistema financeiro conciliando robustez e dinamismo econômico.

R esumo

A crise financeira pôs termo a uma ilusão da viabilidade de uma finança global entregue a si mesma, com a qual as autoridades públicas nacionais e internacionais teriam apenas relações distantes para fazer reinar a sã concorrência. O preço desta ilusão é muito pesado; é a crise sistêmica que força os governos a repensar os princípios da finança e que atribui aos reguladores a missão de inscrevê-los em regras suscetíveis de conciliar robustez necessária ao retorno da confiança e financiamento do crescimento para impedir o declínio da Europa.

Esse quadrante está longe de ter sido encontrado. Controvérsias desencadeiam raiva sobre questões fundamentais.

É, antes de tudo, o mandato do Banco Central que evidentemente não pode mais se contentar com uma missão de garantia da estabilidade de um índice convencional de preços e que deve se preocupar com a permanência da estabilidade financeira. Na Europa, a expansão necessária do papel do BCE acentua ainda mais cruamente a incompletude do euro.

É, por conseguinte, a fragilidade do sistema bancário europeu, subcapitalizado e marcado pelo gigantismo de seus bancos transnacionais, ditos universais. Esse modelo de banco deve ser seriamente questionado e passado por auditoria. Isto é ainda mais necessário em face ao tamanho e a complexidade das estruturas desses bancos, nos quais os depósitos financiam as perdas e comportamentos irresponsáveis da finança de mercado, subtraem-nos da lei comum do constrangimento da família. Eles desfrutam de um poder de influência sobre os Estados que é incompatível com a ordem demo-

crática. Tornou-se indispensável para a eficácia da finança que estes enormes conglomerados possam ser reestruturados, que o banco de varejo e que o banco dito de investimento sejam separados e que uma autoridade dotada de poderes legais possa forçá-los a empreender ações corretivas precoces logo que sua situação financeira se degrada.

São também as questões ligadas da regulação do shadow banking e dos mercados de produtos derivados. Lá como em outros lugares, a promulgação de regras prudenciais encontra a resistência feroz de lobbies dotados de influências enormes e orquestrados pelos bancos internacionais. Os princípios de maior robustez são conhecidos: divulgação de informação, centralização do pagamento das transações, diminuição da alavanca incorporada a produtos perigosos, ou mesmo interdição de certos produtos que são inventados apenas para extrair rendimentos.

É, enfim, o grave problema das normas contábeis, das agências de notação e das regulações prudenciais mal concebidas, cujo principal efeito é o de desencorajar o financiamento do investimento a longo prazo, que, contudo, é vital para inverter o declínio da Europa.

10

> Que contribuição o reforço político da Zona do Euro pode oferecer à transformação do Sistema Monetário Internacional?

Subjacente a essa questão há um problema de fundo: a Europa conservará um peso significativo na economia mundial? O declínio significativo de toda a Europa (a Russia incluída), como da América do Norte e do Japão é inevitável. Isso tem um aspecto positivo do ponto de vista do acesso de bilhões de pessoas aos modos de vida das sociedades urbanas industrializadas. Resultará, sobretudo, da ascensão da potência da Ásia, que pode ser chamada de convergente mais do que emergente, e da decolagem tão esperada da África. Mas isso também pode vir da impotência da Europa em renovar os princípios de sua governabilidade política e das baixas industriais de sua economia. É uma perspectiva que as organizações internacionais tentaram calcular nas projeções condicionais. Qual poderia ser a composição do PIB mundial, medida em paridade de poder de compra, se prosseguir as tendências de fundo reveladas desde vinte anos?

Em 1990, a Europa Ocidental representava aproximadamente 25% do PIB mundial, aproximadamente o equivalente da América do Norte. Logo, o que é convencionado chamar de o Ocidente gerava metade do PIB mundial. Em 2010, o ocidente representava em torno de 40% do PIB mundial, 22% para a América do Norte e 19% para a Europa que havia declinado relativamente à América devido ao enfraquecimento de seu crescimento potencial. Mas é no transcorrer das próximas duas décadas que tudo se jogará e poderá se tornar preocupante se as políticas de crescimento não estiverem na ordem do dia. Na continuidade das tendências da década de 2000 no Ocidente e a generalização da convergência ao conjunto do ex-mundo em desenvolvimento, a Europa Ocidental não representará mais que 10% do PIB mundial em 2030 e 7% em 2050, contra respectivamente 15 e 11% para a América do Norte.

A questão é, portanto, a de continuar a existir no jogo mundial. Em todo caso, o Ocidente perderá sua supremacia e com ela sua pretensão de veicular uma cultura mundial. Para existir é preciso limitar o declínio econômico e propor soluções aos problemas globais do planeta. Se a Europa deve continuar a ter importância, isso certamente não será pelo <<hardpower>>. As múltiplas operações da OTAN, umas mais desastrosas que as outras por suas consequências políticas, não são manifestações de potência, mas um canto de cisne. Se a Europa quer existir, é pelo <<soft power>> que ela pode fazê-lo. Essa questão diz respeito a Zona do Euro em primeiro plano, o coração da Europa, cujos três principais países fizeram parte do núcleo fundador do projeto europeu e constituem sua maior base econômica. Neste livro, foi visto que, para renovar esse projeto, é preciso inscrevê-lo no que será o problema dominante do século XX: salvaguardar os equilíbrios ecológicos do planeta adaptando os modos de produção e de consumo às consequências da mudança climática.

Para fazer isso, há um conjunto de pré-condições que este livro buscou explorar. Antes de tudo, a Zona do Euro precisa de um crescimento potencial robusto e menos polarizado do que ele o foi até aqui, impulsionado pela

Zona do Euro 10

inovação ambiental, de forma a poder vender seu trabalho relativamente caro no exterior. Em seguida, é preciso uma moeda, o euro, assentado sobre uma competitividade sólida, porque mais próxima possível da fronteira tecnológica que vai se transformar consideravelmente com a ascensão de indústrias completamente novas. Enfim, um federalismo acentuado é necessário com um mercado de *eurobonds* largo e profundo e um sistema financeiro robusto e corretamente controlado.

Isso estando posto, que papel monetário poderia a Europa exercer? Ela possui cartas não negligenciáveis para ajudar a repensar um Sistema Monetário Internacional SMI pós-moeda chave. Porque o desaparecimento da hegemonia do dólar é inevitável daqui uma ou duas décadas. Nenhum país pode pretender emitir a única moeda internacional veicular quando seu peso na economia mundial em termos de PIB e de participação nas trocas se reduz rapidamente, como será o caso dos Estados Unidos de agora a 2030. A perda por vir do papel de moeda chave é um corolário da redistribuição dos fluxos de comércio entre os emergentes, da internacionalização do yuan, e enfim da determinação de países como o Brasil e a Índia de sair da zona do dólar.

Pode-se argumentar que essas são tendências de longo prazo. Mas existem forças de erosão muito mais imediatas do que se pode chamar o semi-padrão dólar, o sistema atual onde, com exceção de algumas moedas convertíveis a câmbios flexíveis, a maioria delas são ligadas de uma maneira ou de outra ao dólar. A partir do momento em que o peso real da economia americana se reduz, o semi-padrão dólar repousa, sobretudo, sobre a liquidez dos mercados financeiros americanos aos olhos dos governos de países que acumularam reservas em dólares. Isso quer dizer que ele repousa essencialmente sobre a credibilidade que os governos atribuem à sustentabilidade

143

da dívida pública americana. Porém, essa dívida está em uma trajetória de crescimento muito mais rápida que a da Zona do Euro considerada como um todo. A paralisia do sistema político americano com respeito às soluções de longo prazo do problema da dívida, ilustrada por acontecimentos do verão de 2011 tais que a degradação da nota de qualidade dessa dívida e a tragicomédia do Congresso sobre o aumento do teto, não deixam augurar uma solução política antes da entrada em função no início de 2013, do governo escolhido na eleição presidencial e na renovação parcial do Congresso em novembro de 2012. Uma resolução dos problemas da Zona do Euro certamente enfraqueceria o dólar e imporia a numerosos países a questão da diversificação de suas reservas de câmbio de uma maneira mais urgente. A disponibilidade de uma oferta de *eurobonds* aceleraria a transformação do SMI.

Vê-se então aparecer um universo multipolar, no qual o euro pode e deve exercer um papel de moeda concorrente em nível mundial e de moeda dominante em nível regional, ao mesmo tempo como moeda de reserva e como moeda veicular. O nível regional é maior do que a Europa fora a Zona do Euro. O uso do euro nos pagamentos internacionais e nos haveres financeiros pode interessar todo o mundo mediterrâneo, os países petrolíferos e a África. O euro pode assim se tornar um concorrente ao dólar. Em certa medida ele já o é, mas para manter e desenvolver essa posição é preciso que a Zona do Euro seja capaz de ter uma política exterior em matéria monetária. Mas nós não temos! O BCE, de fato, não dispõe da legitimidade para fazê-lo, o que explica que do ponto de vista das taxas de câmbio o euro foi joguete das forças do mercado. É essencial reverter essa evolução, seria apenas restituir o ar à indústria europeia.

Com a instituição do G20 e as forças profundas que recompõem a economia mundial, a redefinição do sistema internacional é incontornável. Mas é provável que ela não se faça de maneira razoável e negociável em uma grande conferência como a de Bretton Woods em 1944. Pode-se temer passar por um período caótico onde os governos dos países emissores das principais moedas nacionais e da Zona do Euro serão absorvidos pelos seus problemas internos. Isso vai acentuar os processos reais da recomposição das trocas internacionais que reforçam a formação ou a consolidação de zonas regionais de comércio. Pode-se em seguida considerar duas possibilidades que de certa maneira se encadeiam. É preciso, em primeiro lugar, aguardar a uma fase de encolhimento da globalização financeira sob o efeito de flutuações de câmbio tornadas perturbadoras, como se conheceu nos anos 1970 e 1980. Os problemas urgentes de financiamento das dívidas públicas conduziriam os governos a exortar poupadores nacionais, diretamente e através dos investidores institucionais, a aplicar suas poupanças prioritariamente em títulos de dívida pública nacional, como numerosos indícios mostram que isso se inicia no seio da zona do euro. Para evitar que essa deriva não faça retornar uma nova grande fase de segmentação financeira, os responsáveis políticos das grandes moedas deveriam ser incitados a negociar regras de boa conduta. Isso seria a deflagração do processo que poderia levar a um novo regime monetário internacional policêntrico. O FMI deveria nessas condições voltar a ser uma instância monetária, como foi após 1945 no quadro do sistema Bretton Woods.

Para que a Europa exerça um papel maior nesse novo mundo, é preciso que as quotas dos diferentes Estados membros da zona no capital do FMI sejam unificadas. Hoje, os Estados Unidos detêm 17,5% do capital dos fundos (e, portanto, direitos de voto), contra em cerca de 30% para os europeus. Esses poderiam reagrupar seus direitos e falar em uma só voz, o que reforçaria sua posição permitindo dar novamente direitos de voto aos grandes emergentes. Mas recai-se então sobre uma questão que percorreu todo este livro: no FMI, as moedas são a questão e os Estados que são representados. Porém, não houve até aqui, Estado para falar em nome do euro e de nenhuma política monetária externa para contribuir na melhoria das relações internacionais. Os países assentam-se individualmente, mas, não tem estritamente nada a dizer sobre uma reforma monetária internacional, cujos princípios incrementam a responsabilidade das potências soberanas, não dos bancos centrais. Isso completa os argumentos para fazer do euro uma moeda completa, dotada de uma soberania federal. É a mesma necessidade que a que se impõe no plano interno para que a Europa possa continuar a existir.

Essa questão institucional e política é crucial. Se a Europa é capaz de ultrapassar a barreira, ela será capaz de participar da definição das regras comuns.

Pode-se ir mais longe e fazer um pouco de prospectiva: ao invés de se contentar com o papel de tutela financeira em certos países, essa nova versão do FMI pode também tornar-se um organismo de conciliação das políticas econômicas, preocupando-se com as interdependências e risco sistemático. Isso exigiria que fosse adotado um novo sistema de avaliação, mas também de procedimentos de concertação sobre as políticas macroeconômicas organizadas em seu seio. Poderia-se lhe conferir um papel de proposta, mas também de administração das tensões e riscos. O comitê executivo do Fundo tornaria-se assim um comitê político, composto no mínimo de diretores do Tesouro em apoio do diretor geral do Fundo. O FMI deveria igualmente assumir um papel de garantia de liquidez para os países que não pertencem às grandes zonas monetárias, mutualizando os riscos, com direitos de tiragem não condicionais. E a longo

prazo os direitos de tiragens especiais (DTS) se tornariam um ativo de reserva último, ou seja, o início de uma moeda mundial. É o ponto foco do policentrismo.

 Zona do Euro

Resumo

Para exercer um papel significativo nas relações internacionais nas décadas futuras, a Zona do Euro deve preencher as condições que ainda não foram reunidas. É preciso fazer do euro uma moeda completa ampliando o mandato do BCE. É preciso formar uma união orçamentária que não seja uma camisa de força de regras restritivas sobre o modelo do ordoliberalismo alemão - o qual não está em nenhum caso na cultura política da maioria dos outros países - mas uma partilha de soberania por uma ação coletiva para determinar trajetórias orçamentárias plurianuais. Sobre essa base de credibilidade é necessário desenvolver um vasto mercado de eurobonds e fazer um patrimônio para o financiamento do crescimento a longo prazo. É preciso engajar-se em um projeto comum de elevação do crescimento potencial cuja base seja o investimento nas inovações ambientais, concebido para transformar os modos de vida e impedir a tendência espontânea à polarização das atividades industriais na Europa. Essas são as condições para uma resolução ordenada e irreversível da crise.

Assim reforçada, a Zona do Euro disporia de vantagens para exercer um papel monetário mundial, uma vez que unificada ela sofre desequilíbrios bastante limitados, em todo caso mais fracos que os Estados Unidos. Aliás, o enfraquecimento do dólar nos anos vindouros é uma perspectiva provável se a zona do euro se restabelece. Ele se inscreve em uma transformação mais estrutural da economia mundial que verá a importância econômica do Ocidente recuar relativamente de uma maneira muito importante.

 148

O sistema monetário internacional fundado sobre o dólar como moeda chave não é adequado nessa nova repartição da produção mundial e da redistribuição induzida dos comercios internacionais. Os países que vão convergir para os níveis de desenvolvimento dos países ocidentais têm necessidade de uma globalização financeira bem temperada e de desenvolvimento mútuo de seus comercios recíprocos, o que os conduz a uma diversificação de uso das moedas internacionais.

Essas pesadas tendências das relações econômicas internacionais requerem uma nova governança monetária internacional. Nesse quadro, o euro terá um papel importante a exercer se os governos concordarem em promover o policentrismo monetário. Isso implica mudanças constitucionais que são o complemento lógico da resolução dos problemas internos da Zona do Euro. Uma moeda completa quer dizer uma política monetária externa definida por uma autoridade política conjunta. Torna-se evidente que os países da Zona do Euro devem fundir seus direitos de voto no FMI; eles poderão então tornar-se um parceiro determinante na reforma necessária para estabelecer regras multilaterais de boa conduta e fazer do FMI um fórum de concertação de políticas macroeconômicas. A Europa poderia, assim, contribuir para uma ordem monetária renovada.

Esta obra foi composta em CTcP
Capa: Supremo 250 g – Miolo: Pólen Soft 80 g
Impressão e acabamento
Gráfica e Editora Santuário